문화와 예술, 마을을 만나다

도시 속 마을민주주의를 위한 낯선 실험

일러 두기

- 본문에 자주 등장하는 '공탁'은 '공유성북원탁회의'의 줄임말입니다.
- 저자의 이름은 '실명(별명)'으로 표기했고 그외 등장인물들은 공탁의 문화를 살려 '별명'으로 표기했습니다.

도시 속 마을 민주주의를 위한 낯선 실험

문화와 예술, 마을을 만나다

공유성북원탁회의
지음

민들레

마을에 활기를 불어넣는 존재

"저는 신이 점지한 운영위원장입니다!"

지인의 초대로 어떤 모임에 처음 참석했던 날이 떠오른다. 점집이 즐비한 미아리고개 마루에 자리 잡은 산적 소굴 같은 예술극장에 족히 백 명은 넘는 사람들이 왁자지껄 모여 있었다. 2014년 말이었으니 공유성북원탁회의(이하 공탁)가 정식 출범한 지 일 년쯤 되었을 때다. 그날은 한 해를 마무리하고 새로운 운영위원장을 뽑는 날이었다. 그런데 한 명을 선출하고 다른 한 명은 '사다리 타기'로 뽑았다. 군것질할 때나 타던 사다리로 대표를 뽑다니! 공동운영위원장으로 '점지된' 봉봉이 자신을 신의 부름을 받은 사람이라 소개하는 유쾌한 당선 소감을 들으면서 이 정체불명 단체의 예사롭지 않은 활동 방식에 마음이 끌렸다.

그 무렵 마포의 홍대 근처 임대료가 급격히 오르면서 민들레출판사는 15년 넘게 활동하던 그곳을 떠나 뿌리내릴 만한 지역을 찾고 있던 참이었다. 그날 축제 같았던 공탁 모임을 마치고 함께 갔던 동료들과 성북에 자리를 잡기로 마음을 모았다. 그리고 성북으로 옮겨온 지도 6년이 흘렀다. 20여 년을 살았던 홍대 근처보다 뿌리를 더 깊이 내린 느낌이 드는 것 또한 공탁 친구들 덕분일 것이다. 성북동 입구 아름드리 플라타너스 두 그루가 어느 날 갑자기 베어졌을 때도 공탁 친구들이 아니었으면 혼자 비분강개하고 말았을 것이다.

사람도 나무들처럼 저마다 어딘가에 뿌리를 내리고 산다. 우리가 뿌리를 내리는 그곳은 어떤 마을일 수도 있고 마음이 통하는 사람일 수도 있다. 나무들의 뿌리가 서로 얽혀 서로를 지탱해 주듯이 관계의 그물망이 우리를 살리고 비바람에도 쓰러지지 않을 수 있게 잡아 준다. 신이 점지해 준 인연으로 성북에 터전을 마련해 동네친구들과 함께 일도 하고 이웃들과 인사를 나누며 마을주민이 되어 가고 있다. 마을 일을 내 일로 여기며 문화적 감수성으로 풀어 가는 공탁 친구들이 있어 성북이 더욱 사람 사는 마을로 다가온다.

경계인으로서의 문화예술인

사람들은 먼 옛날부터 마을을 이루고 살아 왔다. 먹을거리를 구하고 좀 더 안전하게 아이를 기르기 위해서였을 것이다. 하지만 전통적인 농경마을의 구성단위였던 씨족이나 부족은 서로 배타적이어서 같은 마을 사람들끼리는 협력해도 이웃 마을과 협력하는 일은 드물었다. 농경사회는 도덕경에서 예찬하듯 닭 우는 소리가 들리는 이웃마을과도 왕래하지 않는 것을 이상으로 여겼다.

그 시절 광대는 단절된 마을의 경계를 넘나들면서 공동체에 활기를 불어넣는 존재였다. 일상과 비일상의 경계, 공동체의 경계를 넘나들며 일상과 공동체에 신선한 바람을 불어넣는 존재, 일상에서 말할 기회를 갖지 못하는 약자들의 목소리를 대변하고 표현할 수 없었던 욕망을 드러내는 존재였다. 마당극이나 탈춤 같은 광대놀음은 현실을 신랄하게 풍자하지만 비일상의 영역에서 일어나는 일인 만큼 치외법권 영역으로 간주되었다.

그것은 곧 축제의 기능이기도 하다. 비일상성, 비실용성을 본질로 하는 축제는 일상의 전복이 허용되는 장이다. 예로부터 '신을 만나기 위한 종교적 제의'였던 축제는 생산노동을 끝낸 후 노동의 과정에서 쌓인 스트레스를 해소하고, 귀鬼와 신神의 힘을 빌어 인간사회의 막힌 곳을 뚫는 기능을 했다. 귀신과 사람 사이를 중개하는 무속은 가장 오랜 역사를 지닌 문화예술이기도 하다.

'단장의 미아리고개'라는 대중가요로도 널리 알려진 미아리고개는 한국 무속의 본거지 같은 곳이다. "철사줄로 두 손 꽁꽁 묶인 채 뒤돌아보고 또 돌아보고 맨발로 절며 절며" 북녘으로 끌려간 남편을 그리워하는 애절한 노래의 무대가 된 곳이다. 지금은 고개라는 느낌조차 들지 않을 만큼 넓은 6차선 도로가 되었지만, 한국전쟁 당시만 해도 미아리고개는 서울 이북을 잇는 유일한 길이었다. 전쟁의 비극과 애끓는 아픔이 배어 있는 그 고개가 무속인들의 터전이 된 것이 우연만은 아닐 것이다.

전통사회에서 굿판은 종교의식이자 축제였으며 동시에 심리치유의 장이었다. 오늘날에는 교회와 사찰, 다양한 공연장과 축제, 심리상담소 등이 그 기능을 대신한다. 한국 불교와 기독교의 기복적 신앙 속에는 무속적 요소가 깊이 배어 있기도 하다. 전통적으로 무속과 광대극, 축제로 구현된 문화예술은 오늘날 다양한 영역으로 확대되었지만 본질적 역할은 달라지지 않았다. 기술문명이 발달하면서 문화예술의 표현 방법은 달라졌어도 공동체에 활기를 불어넣고 커뮤니케이션을 활성화시키는 기능은 더욱 커졌다. 20세기 이후 전 지구적 규모로 상호작용이 증가하면서 그 촉매 역할을 하는 문화예술은 더 중요해지고 있다.

문화예술인들은 인간계와 영계를 연결하는 무당처럼 그 본성상 경계인이다. 보헤미안처럼 떠도는 것이 그들의 운명이다. 공연을 위해 떠돌기도 하지만, 그렇게 경계를 넘나드는 과정에서 보통사람들이 보고듣지 못하는 것을 보고듣고 그것을 이쪽저쪽에 전하는 것이 그들의 역할이기도 하다. 오늘날 문화예술인들은 국가와 문화의 경계를 넘나들며 지구촌을 하나의 마을로 만든다. 한 지역의 문화예술이 지구촌 규모로 확장되는 시대에 경계인으로서의 문화예술인과 지역주민으로서의 문화예술인은 어떤 관계에 있는 걸까?

아무것도 아닌 자들의 마을

"민주주의는 '아무것도 아닌 사람들'이 당당해지는 과정"이라고 정치학자 채효정은 말한다. 마을은 그 과정을 담보할 수 있는 통로다. 마을이야말로 '아무것도 아닌 사람들'이 공동체의 구성원으로서 자기 목소리를 낼 수 있는 삶터다. 우리 사회의 민주주의 뿌리가 약한 것은 급격한 도시화로 마을이 해체되면서 지역에 뿌리를 내리고 사는 사람들이 별로 없기 때문이기도 하다. 아파트 시세를 지키기 위해 목소리를 내는 것이 아니라 자기가 사는 지역과 공동체를 위해 목소리를 내는 사람들이 있을 때 민주주의의 토대가 만들어진다.

서울 성북 지역에서 동네친구들과 함께 지역문화생태계를 만들어 가고 있는 '공유성북원탁회의'는 문화와 예술을 사랑하는 이들이 지역사회 속에서 새로운 관계 맺기를 시도하는 모델로서 주목할 만하다. 성북동 입구의 아름드리 가로수가 베어지는 광경을 우연히 목격한 주민 강의석 씨가 이를 공탁 커뮤니티에 알려 함께 퍼포먼스를 벌이고 그 과정을 다큐 영화로 만들면서 지역사회의 여론을 모아 내고 결국 나무를 살려 낸 사례는 주민으로서의 정체성을 가진 문화예술인들의 힘을 보여준다. 그들은 말 못하는 나무들의 목소리를 대변하고, 다른 생각을 갖고 있는 주민들의 억눌린 목소리를 해방시켜 주었다.

둥치가 잘려 나간 가로수 근처에서 이루어진 인터뷰에서 한 주민은 이렇게 말했다. "저 나무들도 이 지역의 주민입니다. 몇십 년 동안 이 매연 속에서 자기 자리를 지키면서 지역에 많은 공헌을 한 존재죠. 그런데 저렇게 잘라 버렸네요." 둥치가 잘린 두 그루의 아름드리 플라타너스는 주민들의 구명운동에 보답이라도 하듯 이듬해 봄에 새 가지를 뻗기 시작해, 마치 아이들 그림에 등장하는 솜사탕 같은 나무의 자태로 지금도 거리를 지키고 있다.

이름 없는 존재, 아무것도 아닌 존재들이 당당해진 다는 것은 곧 억눌린 목소리가 제 소리를 찾는 것이다. 전통사회에서 광대의 역할이 그러했듯이 문화와 예술은 약자의 목소리를 대변함으로써 사회의 억눌린 에너지를 풀어내고 다양성을 살린다. 문화 또한 다양성을 먹고 자라는 것은 길고양이처럼 낮은 곳에 있는 존재에게만 보이는 것들이 있기 때문이다. 뒷골목 문화가 주류 문화로 진입하는 과정은 아무것도 아닌 자들이 당당해지는 과정이기도 하다. 민주주의와 대중문화는 함께 자란다.

공탁의 운영위원 20명 중에는 '숙희'라는 이름의 강아지도 있다. 동물 대표의 자격으로 공탁 모임에 빠지지 않고 참석한다. 길고양이처럼 그 존재만으로 공동체에 기여하는 훌륭한 운영위원이다. 숙희가 길고양이들까지 대표할지는 모르지만, 말 못하는 생명들의 상징적인 대변인으로서 누구보다 적임자다. 우리가 꿈꾸는 민주사회는 이처럼 아무것도 아닌 이들의 공동체들을 통해서 한걸음 한걸음 구현되어 갈 것이다.

마을주민으로서의 문화예술인

오늘날 도시에서 살아가는 사람들이 자기가 사는 지역에 애정을 갖기란 쉽지 않다. 개인과 가족 중심의 효율성을 우선하는 아파트라는 주거 형태가 보편화된 탓이기도 하고, 이사를 자주 다니기 때문이기도 할 것이다. 도시민들에게 주민의식은 주민등록증에 기록된 주소지의 의미를 넘어서기 어려운 것이 현실이다.

하지만 시민 또한 일상생활에서는 주민이기 마련이다. 주민으로서의 정체성을 갖고 있지 않더라도 우리 모두는 어떤 지역의 주민으로 살아간다. 일상의 민주주의는 시민들이 아닌 주민들이 만들어 가는 것이다. 민원인이 되는 것도 일상에 뿌리를 내린 주민이어서 가능하다. 주민은 국가기관을 상대로 자기 권리를 주장하기만 하는 존재가 아니다. 자기 집 앞 골목을 청소하고 길고양이들을 돌보는 이들이 주민이다. 지역의 문제에 관심을 갖고 목소리를 내기도 한다.

성북구에 있는 사립학교인 동구여중이 사학비리로 위기에 처했을 때 공탁 사람들이 나서서 학생, 교사들과 함께 집회를 열어 주민들의 관심을 모으고 문제를 해결하는 데 앞장선 것 역시 주민의식의 발로다. 불의에 맞서 기꺼이 약자 편에 서는 그 마음이 공동체를 지킨다. 내 이웃의 아이들이 다니는 학교가 좀 더 좋아지기를 바라는 마음이 사람들을 움직이게 만든다,

극장이 많은 서울 대학로에 이웃한 성북 지역에는 연극인들이 많이 산다. 목소리를 내는 데 주저함이 없는 이들은 공탁이라는 만남의 장을 통해 서로의 안부를 확인하고 우정과 환대의 문화를 만들어 가고 있다. 서로에 대한 관심은 자연스럽게 지역으로 확대되어 일상의 민주주의를 실현하고 있기도 하다. 보헤미안 예술가들이 주민으

로서의 정체성을 갖게 되기까지 공탁이라는 장이 큰 역할을 해 오고 있다.

이 책은 '공탁'이라는 정체불명의 모임을 통해 그 구성원들의 삶이 어떻게 변화했는지, 또 그 덕분에 지역사회가 어떻게 활기를 띠게 되었는지를 이야기한다. 공탁의 마을 살리기는 목표가 아닌 자연스러운 결과다. 재미나게 모이다 보니 마을이 살아난다. 관 주도의 목표지향적인 마을 살리기가 아니라 민간의 자발적인 움직임이 관의 정책과 결합하여 시너지 효과를 내고 있는 민관 거버넌스의 좋은 사례이기도 하다.

공탁 구성원들이 쉽게 지치지 않을 수 있는 것은 무엇보다 목적지향적이지 않은 활동 방식에 있는 듯하다. 초창기에 달마다 갖는 모임에서 시종일관 서로를 소개하는 시간으로 채운 것도 그래서 가능했을 것이다. 그럼으로써 관계가 만들어지고, 그 관계의 힘에 '의해' 일들이 벌어져 온 것이 공탁의 활동 방식이었다. '위하여'가 아니라 '의하여' 움직인 셈이다. 어떤 목적을 '위한' 활동은 쉬이 지치는 반면, 어떤 에너지에 '의한' 활동은 자체적으로 에너지가 조달되기 때문에 쉬이 지치지 않는 법이다.

"어떤 목적을 가지고 사람들을 조직하고 계획을 세

우는 일이 다른 누군가가 아니라 우리 스스로를 위한 일이어야 함을, 우리가 주민을 위해 무엇을 한다고 생각하기보다는 우리 스스로 마을의 주민으로 살아가야 함을 생각하게 되었다." '예술마을 만들기란 질문에 답하기'에서 필자 하장호의 술회는 공탁의 본질을 잘 말해 준다. 주민을 '위해' 하는 활동에서는 활동가와 주민이 주체와 객체로 분리되기 마련이다. 공탁 활동가들은 스스로 주민으로서 자신의 삶터를 가꾸는 일을 해 오고 있다.

　　강은 바다에 이르기 '위하여' 길을 찾는 것이 아니다. 위치에너지에 '의해' 물이 높은 곳에서 낮은 곳으로 흐를 뿐이다. 나무가 하늘과 땅의 에너지에 '의해' 성장하지 하늘 높이 자라기 '위해' 성장하는 것이 아니듯이, 문화예술 또한 그 사회 구성원들의 에너지에 의하여 피어나지 다른 뭔가를 위하여 피어나지 않는다. 지역을 살리기 위해, 경제를 위해, 민족중흥을 위해 문화예술을 진작시키려는 시도가 부질없는 이유다. 관계가 살아나면 사람들이 살아나고, 그러면 문화예술이 꽃피면서 살맛 나는 동네가, 나라가 만들어진다.

현병호 (격월간 『민들레』 발행인)

차 례

들어가는
이야기

마을에서

시민으로 살아가기

이원재(곰살구)

성북에서 아내 육끼와 함께 서식한다. 문화연구자,
문화운동가, 문화기획자가 불규칙적으로 융합된
삶을 살고자 한다. 문화연대, 공유성북원탁회의
등에서 활동 중이다.

성곽 북쪽 마을, 성북

"성북구는 서울의 동북부에 위치한다."

서울역사편찬원이 발행한『서울 洞의 역사』에서 성
북구를 소개하는 첫 문장이다. 이 짧은 문장 안에 성북을
둘러싼 많은 의미가 담겨 있다.° 성북은 서울이라는 거대
한 도시 속에 위치하고 있으며, 도시의 중심부가 아니라
주변부(동북부)로서 오랜 역사와 문화를 품고 있다. 성북
은 오래된 도시로서 한양도성, 정릉, 의릉, 심우장 등 다
양한 문화유산들이 4대문 밖의 거칠고 고집스런 삶의 흔
적들과 공존해 왔던 지역이다.

° 원래 '성곽 북쪽 마을'을 뜻하는 '성북'은 다양한 지역의 이름으로 쓰이고
있다. '성북동'은 서울 외에도 부산, 대전, 나주, 진주, 삼척에도 있는데, '성
북구'라는 행정구역 명칭은 서울에만 있다.

모든 도시가 그렇겠지만 성북은 매우 복합적인 도시다. 북악산 자락을 끼고 있는 성북동은 우리나라에서 대표적인 부자들의 주거지로 알려져 있지만, 정작 대부분의 성북동 주민들은 달동네에 가까운 산동네에 살고 있다. 청계천과 인접한 보문동에는 이주노동자들의 힘겨운 가내수공업 노동 현장도 공존한다. 고단한 삶의 흔적들이 고스란히 남아 있는 북정마을, 장수마을 같은 성곽마을과 막개발의 거대한 결과물인 길음 뉴타운 같은 아파트단지가 서로 마주하고 있는 도시이기도 하다.

1968년에 시인 김광섭이 〈성북동 비둘기〉에서 "새

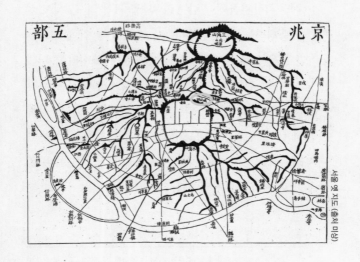

서울 옛 지도 (출처 미상)

벽부터 돌 깨는 산울림에 떨다가 / 가슴에 금이 갔다"라고 탄식했듯이, 성북은 지난 100년 동안 이어져 온 도시개발 잔혹사를 간직하고 있다. 서울이라는 메트로폴리탄의 도시화 과정에서 쫓겨나거나 혹은 떠나지 못하고 눌러 살아야 했던 도시민의 삶이 곳곳에 진하게 배어 있다. 한편 북촌마을과 서촌마을 등 옛 정취를 찾아 젠트리피케이션 gentrification 열풍을 만들어 내고 있는 현대 도시인들의 취향은 성북동, 돈암동, 정릉동 등지에 새로운 소비문화 공간들을 유치하며 빠르게 지역을 변화시키고 있다.

오래된 것들을 부수고 새로운 것들이 들어서는 한편에서는 마을 만들기를 비롯한 도시 재생의 몸부림 또한 함께 펼쳐지고 있다. 성북 지역은 마을민주주의, 협치(거버넌스), 사회적 경제, 아동친화 도시, 마을학교 등 삶을 전환하고 사회적 변화를 이끌어 내기 위한 사회혁신 정책과 시민 활동이 다른 어느 지역보다 활발하게 진행되고 있기도 하다. 성북의 일상은 지금 이 순간에도 쉼 없이 변화하는 중이다.

이처럼 다양한 언어로 설명될 수 있지만, 성북은 다른 도시들과 마찬가지로 그저 '보통의 도시'다. 수많은 시민들의 욕망이 충돌하고 공존하는 도시, 고령화가 진행되고 1인 가구가 늘고 있는 외로운 도시, 개발과 보존의 갈등이 불거지는 도시, 시민들의 노력이 관료주의 행정으로 인해 끊임없이 미끄러지는 도시, 눈앞의 이익과 편리함을 위해 다음 세대의 자원을 당겨 쓰는 도시, 미세먼지와 지구온난화를 겪으면서 여전히 성장과 개발을 갈구하는 도시. 그럼에도 불구하고 내일을 꿈꾸는 시민들이 살고 있는 도시. 성북은 현대 자본주의 사회의 모습과 특징을 고스란히 담고 있는 정말 보통의 도시다.

보통의 도시를
특별한 곳으로 만드는 '동네친구'

어느 도시에서나 누구에게나 있는 삶의 모습이 성북에서도 늘 펼쳐진다. 거대하고 빠르게 변화하는 도시에서 생존하기 위해 쉴 새 없이 일하지만 늘 공허한 시간들, 날마다 새롭게 만들어지고 끊임없이 변화하지만 정작 갈 곳은 없는 소비문화 공간들, 많은 사람들을 만나지만 정작 내 삶에 공감해 주고 격려해 줄 사람은 없는 허무한 관계들. 이런 우리의 삶에 활기를 불어넣어 주고 관계를 소중하고 특별하게 만드는 존재가 다름 아닌 '동네친구'다.

사실 서울이라는 도시에서 동네친구란 '사치품'에 가깝다. 지난 수십 년 동안, 그리고 최근까지도 서울은 경제 성장과 주택 보급을 위한 도시개발을 반복해 왔다. 그 때문에 서울 시민의 절대 다수는 사실상 이주민에 가까운 삶을 산다. 지방에서 서울로 이주한 사람은 물론이고 서울에서 태어나 평생을 산 사람들조차 한 동네에 오래 살아 본 경험이 없기 때문이다. 어린 시절을 보냈던 동네는 흔적조차 없이 사라지고 아파트 단지가 그 자리를 차지하고 있는 경우가 다반사다. 대부분의 서울 사람들은 동네, 마을, 지역, 고향이라는 공통감각이 없는 외로운 존재들이다.

조금 더 싼 주거 환경, 좀 더 '괜찮은' 집주인을 찾아서 도시 곳곳을 정처 없이 떠돌아다니는 처지에 이웃, 동네친구, 동네에서 함께 살아가는 동료를 만나기란 힘들다. 하지만 그럼에도 편하게 만나 수다 떨고 서로 위로하고 도움을 주고받을 수 있는 동네친구가 있다면, 서로 믿고 의지하고 협력할 수 있는 이웃과 동료가 있다면, 우리 삶이 조금은 더 안전하고 든든하며, (심지어 더 편리하고) 풍요롭지 않을까?

이렇듯 '동네친구가 있으면 좋겠다'는 욕망은 '공유성북원탁회의'(이하 공탁)가 만들어지는 강력한 출발점이자 동기가 되었다. 처음에는 평소에 알고 지내던 가까운 동네 사람을 만나 관심사를 나누는 정도였다가 가까운 이웃을 넘어 서로 동네친구가 되어 가는 경험을 하면서, 이제는 동네친구가 되었으면 하는 지인들을 성북으로 그리고 공탁으로 적극 초대하는 일이 늘기 시작했다. 동네친구를 늘리기 위해 믿을 만한 부동산에 부탁해 좋은 조건의 거주 환경을 알아봐 주고, 동네에서 함께 활동할 수 있는 일자리도 적극적으로 마련했다.

공탁의 동네친구 만들기 과정에서 무엇보다 중요한 것은 개방성, 수용성을 견지하기 위해 많은 노력을 기울였다는 점이다. 공탁은 처음부터 물리적이고 지리적인 공간의 제약에 갇히지 않기 위해, 동네친구를 성북에 살고 있거나 성북에 직장이 있는 경우에 한정하지 않았다. 성북에서 함께 활동하는 데 관심 있는 사람이면 누구나 참여할 수 있도록 했다. 그 결과 다양한 사람들이 공탁 활동에 참여하게 되었고, 적지 않은 사람들이 성북으로 이사를 하거나 일자리를 옮기면서 좀 더 밀도 있는 동네친구의 삶을 선택하게 되었다.

공탁의 시작은 이처럼 동네친구를 찾고 만나기 위한 과정이었다. 우리는 공탁이라는 이름으로 지난 10여 년 동안 성북의 지역문화생태계를 풍성하게 하는 다양한 활동을 실천해 왔지만, 우리의 변함없는 목표는 이 외로운 정글 같은 도시에서 함께 삶을 헤쳐 나갈 동네친구들을 찾아내고 초대하며 협력하는 삶을 일궈 가는 것이다.

동네친구들과 함께 만들어 가는 지역문화생태계

'공유성북원탁회의'라는 긴 이름의 모임이 공식적으로 꾸려지면서, 우리는 스스로를 "성북 지역에서 활동하는 사람(모임, 단체)들 사이의 호혜와 우정의 관계망을 형성하고, 이를 기반으로 지역문화생태계의 공존 및 협력을 위해 더불어 활동하는 커뮤니티"로 정의해 왔다.

동네친구를 사귀듯 자연스레 만들어진 공탁 커뮤니티를 한마디로 정의한다면 '지역문화생태계'다. 그래서 사람들은 공탁을 문화예술계 사람들의 모임으로 오해하기도 한다. 물론 많은 구성원이 문화예술과 관련된 일을 하지만 공탁이 강조하는 지역문화생태계는 결코 좁은 의미에서 직업인으로서의 문화예술인들의 커뮤니티가 아니다.

공탁에서 말하는 '문화'는 흔히 사회적 삶의 영역을 정치·경제·문화·사회 네 분야로 나눌 때 그 중 하나로서의 문화가 아니라, 그 모든 영역에서 사람들의 태도와 행동의 준거가 되고 공유되는 가치 및 의미의 체계를 말한다. 그러므로 공탁에서의 문화는 예술이나 여가 활동과 구별되며, 장식적이고 부가적인 활동을 가리키는 문화 개념과도 다르다. 다시 말해 공탁이 주목하는 문화는 '특정한 시기에 한 사회 안에서 두드러지게 나타나는 가치, 태도, 신념, 지향점, 전제조건으로서의 문화'다.

지금까지 우리 사회에서 대부분의 지역문화활동은 물리적 행정 구획으로서의 지역 안에서 한정된 분야로서의 문화와 예술에 종사하는 사람들을 중심으로 이루어져 왔다. 그런데 공탁은 행정 구획으로서의 지역성을 넘어 '글로컬glocal 시대에 지역성이 갖는 대안적 원리와 가치', 특정한 분야에 한정되지 않는 '사회적 가치이자 의미체계로서의 문화', 직업적인 문화예술인만이 아니라 '보편적인 생활인과 시민으로서의 예술가'를 지역문화생태계의 출발점으로 삼는다.

　이러한 지역문화생태계는 결국 지역의 '삶-문화'로
연결된다. 지금까지 우리 사회에서 문화는 먹고살 만한
다음에 누릴 수 있는 부차적인 것이거나 특별한 사람들인
예술가가 하는 것으로 여겨졌지만, 공탁 사람들에게 문화
는 '삶의 정체성에서부터 경제활동에 이르기까지 죽고 사
는 문제이자 삶의 필수적인 요소'이다. 중립적이고 탈사
회적인 행위가 아니라 '정치, 경제와 밀접하게 상호작용
하며 사회적 가치를 형성하는 과정'이며, 문화예술인만이
아니라 '시민 누구나의 삶과 밀접하게 연결되어 있는 보
편적인 삶의 환경'이다.

　그러므로 지역문화생태계는 삶의 환경과 삶의 질을
개선시켜 가고자 하는 '새로운 관계 맺기 양식'이다. 공탁
이 지역문화생태계를 표방한 것도, 문화와 예술에 대한
생각이 우리 자신은 물론 우리가 살고 있는 동네와 이웃
들의 삶 속으로 확산되고 뿌리내릴 수 있기를 바랐기 때
문이다. 그래서 공탁의 구성원들은 스스로를 문화예술인
이기 이전에 시민이자 주민이라고 생각하며, 공탁의 구성
원이 되는 기준조차 직업으로서의 문화예술인만이 아니
라 '지역문화생태계에 관심 있는 누구나'로 열어 두었다.

마을 배수지 가압장이 철거되기 전 임시로 예술공간으로 꾸민
성북예술가압장에서 정기 모임을 하는 공탁 사람들

다시 말해 공탁은 지역사회에 문화 서비스를 공급하는 전문 문화예술인들의 모임이 아니라, 성북이라는 동네에서 살아가는 자신을 포함한 주민들의 삶의 질을 높이고, 문화적 권리와 예술의 사회적 창조성을 북돋우며, 대안적이고 지속가능한 삶-문화를 만들어 가는 동네친구들의 커뮤니티이자 경향성이다.

'나름대로 계획이 있었던'
공탁의 시작

공탁은 2012년 준비모임이 시작되었고, 2014년 성북 지역 내 문화예술인들의 제안으로 자율적인 모임으로 공식화되었다. 2020년 현재 약 300여 명이 함께하는 지역 내 대표적인 민·민, 민·관 협치형 커뮤니티가 되었다.°

'호혜와 우정의 관계망을 토대로 지역문화생태계를 활성화시키고자 하는 커뮤니티'를 지향하는 공탁은 준비 단계부터 스스로를 '창조적 공유지creative commons'로 설정

°   운영위원 20여 명, 워킹그룹별 활동가 100여 명, 기관 관계자 30여 명, 모임 참여 예술가 및 주민 약 150여 명으로 구성되어 있다.

했다. 당시에는 우리 사회에 커먼즈(공유지) 담론이 거의 없었던 점을 생각하면, 공탁이 지역문화를 둘러싼 다양한 가치들을 실현하고자 많은 고민을 했음을 알 수 있다. 이를 위해 초창기부터 '창조적 공유지로서 협치(혁신 거버넌스)'를 제시하면서 '지역문화생태계 형성', '창의적인 협치 실험', '일상과 삶의 관계 확장'을 공탁의 기능과 역할로 설정했다.

지역문화생태계 형성을 위해 공탁은 "성북 지역문화생태계의 지속가능한 발전을 위한 공유지(문화커먼즈)"의 필요성을 인식했다. 지역문화예술 커뮤니티가 서로 소통하면서 함께 작업할 수 있는 환경을 조성하고, 지역문화생태계의 다양성과 공공성이 확장될 수 있는 창의적 공유지(커먼즈)를 형성하는 것을 목표로 삼은 것이다.

다음으로 공탁은 창의적인 협치 실험, 다시 말해 지역문화 주체들 사이의 능동적인 협치에 기반한 커뮤니티 예술의 활성화를 모색하기로 했다. 이를 위해 민과 민, 민과 관의 창의적이고 다양한 방식의 협치 활동을 실험하고 성과를 공유하는 것을 주요 활동으로 설정했다. 이 과정에서 성북의 문화공간들을 연결하고 문화콘텐츠를 공동 제작(프로듀싱), 공유하는 협동조합이나 지역축제위원회

등에 대한 다양한 상상들이 펼쳐지고 구체적인 활동으로까지 이어졌다.

마지막으로 공탁은 생태계의 관점에서 중장기적으로 서로 협력하고 지원함으로써 지역 내의 관계가 확장되기를 기대했다. 지역문화생태계 내부에서부터 상호 연계성에 기반한 공진화가 이루어질 수 있도록 환경을 만들고, 지역 내 주요 주체(단체)들과 다음 세대가 상호보완적으로 발전할 수 있는 생태계와 지원체계를 구축하고자 했다. 이에 공탁은 초기부터 민간 주체들과 구청, 문화재단, 마을사회적경제센터, 문화원 등 공공영역 사이의 협력 구조를 만들기 위해 노력했다. 지역문화생태계로서 지역 내 공동의 문화자원을 둘러싼 협치 구조를 상상한 것이다.

초대하고 또 하다 보니
어느새 커뮤니티가

공탁의 구성원들이 처음 만났을 때부터 지금의 모습을 계획했던 것은 아니다. 사실 공탁의 많은 부분은 지나칠 정도로 열려 있었고, 그 때문에 많은 일들이 불확실

하고 우연한 사건들로 이루어졌다 해도 과언이 아니다. 이런 공탁의 철학 혹은 태도가 지금의 공탁을 만들어 왔다. 공탁의 초기 모임은 이를 잘 확인시켜 준다.

공탁은 성북 지역의 지역문화생태계, 특히 공공 사업이나 이해관계를 조정하기 위한 논의 구조로 만들어진 것이 아니다. 거듭 말하지만 그저 지역의 이웃들, 동료들을 만날 수 있는 개방적이고 호혜적인 공론장을 만들어 보자는 제안이 공탁의 시작이었다. 나중에 오랜 시간이 지나면(이 시간은 결과적으로 매우 일찍 도래했다) 동네에서 같이 일을 하고 협력할 수도 있겠지만 일단은 특별한 목적 없이 동네친구들이 되면 좋을 사람들, 서로 알고 지내면 즐거운 일이 벌어질 것 같은 사람을 각자 초대하는 것이 공탁의 방식이었다.

그렇게 초기 제안자들이 아는 사람을 모임에 초대했고, 초대된 사람들은 그 다음 모임에 또 자신이 소개하고 싶은 사람을 초대했다. "누구도 차별하지 않고(개방), 반갑게 맞이해 주며(환대), 참여 이후에는 스스로 활동한다(자율)" 정도의 암묵적 신뢰만이 존재했을 뿐, 어떠한 기준도 제한도 원칙도 없었다. 그저 서로 친구나 동료가 되면 좋을 것 같은 사람들을 초대하고, 초대하고 또 초대했을 뿐이다. 그렇게 초대된 사람들 중에는 성북 지역과 무관한 사람들도 있었고, 문화와 예술을 전문으로 하지 않는 사람들도 있었으며, 하필 그날 성북에 친구를 만나러 왔다가 덩달아 합류한 사람도 있었다. 그리고 시간이 지나면서 "그저 소문을 듣고" 알아서 찾아오는 사람들도 생겨나기 시작했다.

모임의 내용은 더욱 단순했다. 지금은 공탁을 상징하는 대표적인 프로그램이자 문화가 되었는데, 공탁의 초기 모임은 대부분 자신을 소개하고 경청하고 질문하는 것이 전부였다. 초기에 10여 명이 모일 때부터 나중에 100여 명 넘게 모일 때까지 공탁 모임은 돌아가면서 자신을 소개하는 시간이 프로그램의 전부이다시피 했다. 그래서 초기 모임은 두세 시간 동안 각자 자기를 소개하고 서로에게 궁금한 것을 묻고 인사를 나눈 뒤 헤어지곤 했다.

놀라운 것은 공탁을 찾아온 대부분의 사람들이 전문적으로 기획된 그 어떤 프로그램보다 스스로를 소개하고 서로를 알아가는 시간을 가장 매력적으로 느끼고 즐겼다는 사실이다. 늘 시간에 쫓기며 효율적인 모임을 강요받던 우리, 대부분의 시간을 구경하고 침묵하며 속절없이 기다리다 돌아가야 했던 수많은 모임에 지쳤던 우리, 오랜 시간 함께 활동했지만 바로 곁의 동료와 수다 한번 떨어 보기 힘들었던 우리. 그렇게 지쳐 있던 우리는 그동안의 경험과는 좀 다른 공탁의 다소 심심하고 괴이한 분위기에 빠져들기 시작했다. 앞서 언급했던 공탁의 잘 정리된 정체성, 원리, 활동 방향 등은 이처럼 '동료를 발견하고 알아가는' 반복된 과정이 가져다 준 소중한 결과물이다.

워킹그룹,
진짜로 함께 일하고 싶다면

성북이라는 도시도, 공탁이라는 모임도 평범한 사람들이 살아가는 현장이다. 공탁 초기 모임에 초대된 사람들이 가장 많이 했던 질문은 "도대체 이 모임의 정체성이 무엇이냐?"였다. 누군가는 공탁을 "몇몇 사람들이 자신의 프로젝트를 위해 다른 사람들을 동원하는" 음모론적 관점으로 접근하기도 했다. 누군가는 "새로 출범한 성북문화재단의 사업설명회 또는 빤한 거버넌스 장치"로 확신했다. 또 다른 누군가는 "정말 할 일 없고 자유로운 문화예술인들의 별 볼일 없는 살롱문화"라고 판단했다.

하지만 몇 개월 동안 모임을 나와도, 심지어 모임에 참여하는 사람들 수가 비약적으로 늘어도(초기 6개월간 공탁 모임은 달마다 열렸는데, 매월 참여자 수가 거의 두 배로 늘었다) 계속 환하게 웃으며 몇 시간씩 자기소개를 하고 즐거워하자 인내심의 한계에 도달한 참가자들이 등장하기 시작했다. 그들은 이제 질문을 바꿔 직설적으로 물었다. "정말 앞으로도 서로 소개만 할 거야?"

공탁에 스스로 찾아왔던 사람들이 함께 일하고 싶어 한다는 사실이 확인되면서 공탁은 '워킹그룹Working Group'이라는 협력 방식을 선택했다. 이 역시 원리는 매우 명료하다.

38

> **하나,**
> 누구든 함께했으면 하는 일이 있으면 모든 정보와 자원을 공개하고 해당 주제(사업)의 워킹그룹을 제안한다.
>
> **둘,**
> 워킹그룹에는 공탁의 가치에 동의하고 활동을 원하는 사람이면 누구나 참여할 수 있다.
>
> **셋,**
> 모든 의사결정은 워킹그룹 참가자들이 민주적인 토론과 협의를 통해 결정하고 공탁 전체에 공유한다.

> 넷,
> 가장 열심히 활동한 사람이 가장 많은 권한을 갖고
> 존중 받아야 한다.

> 다섯,
> 워킹그룹에서 갈등이나 문제가 생기면 공탁 전체
> 회의에서 토론하고 협의한다.

공탁의 워킹그룹 활동은 다양하게 펼쳐졌다. 어떤 그룹은 지역에 오랫동안 방치되었던 유휴 공간을 공탁 구성원들의 참여와 활동을 통해 문화적으로 재생해 냈다. 함께 연구하고 토론하고 배우면서 지역문화생태계 활동을 준비하는 그룹도 등장했다. 구청에서 관행적으로 진행해 왔지만 전혀 매력적이지 않았던 지역축제를 혁신하고 주최하는 그룹도 등장했다. 그 힘들다는 전통시장 사업에 도전하는 워킹그룹, 지역 문화예술 교육을 기획하고 준비하기 위한 예술강사들의 워킹그룹, 사회적 의제에 예술행동을 통해 연대하겠다는 워킹그룹, 공탁 자체의 지속가능성과 미래를 준비해야 한다는 워킹그룹 등, 공탁은 어느 순간 지역 안과 밖의 다양한 의제와 사업에 개입하고 협력하는 커뮤니티로 진화하고 있었다.

워킹그룹의 활동은 공탁 구성원들과 성북 지역사회에 몇 가지 놀라운 사실을 확인시켜 주었다. 무엇보다 지역사회 내에서 정보와 자원이 개방적이고 민주적으로 공유되자 기존 행정조직이나 관 주도 사업에서는 경험할 수 없었던 효율성, 창의성, 자율성이 작동하기 시작했다. 행정 영역에서 예산과 전문성 부족으로 한계를 보였던 공간과 사업들이 활성화되기 시작한 것이다.

예산 부족으로 방치되었던 공간을 주목받는 극장으로 탈바꿈시킨 미아리고개예술극장, 공간의 정체성조차 부재했던 재생 공간을 커뮤니티 아트와 지역 시각예술 활동의 거점으로 활성화한 성북도원, 형식화된 전통시장 사업을 넘어 '개울장'이라는 새로운 시민시장을 탄생시킨 정릉 신시장 사업, 지역축제에 '문화다양성'이라는 가치를 불어넣고 성북의 축제문화생태계를 만들어 낸 누리마실 축제 등 공탁의 다양한 워킹그룹 활동으로 지역 내 자원을 둘러싼 접근 방식과 일하는 방식에서 혁신적인 사례들이 생겨났다.

워킹그룹 활동은 공탁의 호혜와 협력의 문화를 성북 지역 전체로 확산시키는 흐름을 낳았다. 공탁은 예술마을 만들기 워킹그룹들을 통해 성북 내의 권역별, 동네

별 활동 거점을 만들어 내기 시작했다. 개별 공간이나 커뮤니티에 머물지 않고 지역사회 곳곳으로 공탁의 가치가 확산되기 시작한 것이다. 동선동을 거점으로 하는 아미고(아름다운 미아리고개 친구들)는 미아리고개 하부 공간을 재생하여 '미인도'라는 이름의 문화공간을 만들어 냈고, 지역주민들과 함께 '고개장'이라는 시민시장을 운영했다. 워킹그룹에서 시작한 월장석친구들(월계, 장위, 석관동 친구들)은 성북정보도서관 내 유휴 공간을 활용하여 천장산 우화극장을 운영하고 있고, 개구장위들(장위동 예술마을 만들기 워킹그룹)은 장위동 도시재생사업의 파트너로 다양한 활동을 펼쳐 왔다. 공탁의 워킹그룹 활동이 지역사회 내에서 일하는 방식과 가치를 전환시키는 하나의 사건이자 전환점이 된 셈이다.

　　워킹그룹 활동은 공탁 안에 머물지 않고 지역사회에서 지속가능한 활동 그룹이나 조직으로 진화하기도 했다. 서울시의 뉴딜 일자리로 성북에서 만났던 청년들은 공탁 구성원들과의 협력을 통해 협동조합 '성북 신나'를 만들어 정릉 신시장 사업, 무중력지대 성북, 성북 청년정책네트워크 등 다양한 활동을 펼쳐 가고 있다. 지역 내 동구여자중학교가 공탁과 협력해서 운영했던 마을학교 프로젝트는 지역사회 내 교육 문제를 함께 고민하고 협력하는 모임 '월간 동네교육'을 등장시켰다. 매달 열리는 모임 동네교육은 대안교육공간 민들레, 동북권 마을 배움터 등과 협력하며 성북의 전환교육생태계를 꿈꾸고 있다. 성북 내에서 적정기술이나 제작문화를 통해 리빙랩 실험을 모색했던 활동가들이 모여 성북구청이 매입한 주택을 돌곶이생활예술문화센터라는 플랫폼으로 전환시켜 지역사회 내에 뿌리를 내려 가고 있다.

이밖에도 공탁의 워킹그룹 활동은 성북 지역 안과 밖을 가로지르며 매우 다양하고 광범위하게 진행되었다. 공탁이 활성화되고 공탁을 기반으로 지역 내에 새로운 모임, 커뮤니티, 네트워크 등이 확장되면서 공탁 활동의 경계 역시 매우 모호하고 흐릿해졌다. 물론 이 모호함과 불확실성은 공탁이 선호하는 '느슨한 연대'의 방법론이기도 하다. 그럼에도 불구하고 공탁의 지난 활동과 흐름을 거칠게 정리해 본다면 '문화협치 기반 만들기', '성북 내 지역 거점 활성화', '문화협치 공간의 조성과 재생', '지역 축제와 문화행사의 사회적 가치 확산', '문화·예술 관련 사회적 경제 활동', '사회적 연대 활동' 등으로 계열화할 수 있다.

문화민주주의,
사다리 타기 그리고 실패를 함께하기

공탁의 활동 원리는 많은 부분 내부에서부터 시작
되었다. 초기 단계에서부터 공통감각과 시민력을 형성하
기 위한 운영 원리를 적극적으로 고민하고 토론하며 축적
해 왔기 때문이다. 공탁은 자체 민주주의와 협치를 위한
운영 원리로 '자율적 활동'(자율성), '문화민주주의'(민주성),
'우정과 협력'(연대성), '문화다양성을 통한 차이의 존중'(다
양성)을 중요하게 생각한다.

첫 번째 운영 원리인 자율적 활동(자율성)은 공탁에
참여하는 주체들이 동기와 방식에서 자율적으로 참여하
고 활동한다는 것이다. 공탁은 외부적으로 정치적, 경제
적 독립성과 자기결정권을 확보하기 위해 노력하고, '능
력 있는 사람보다 스스로 하고 싶어 하는 사람이 한다'는
원리로 운영된다.

문화민주주의(민주성) 원리는 공탁이 형식화된 민주
주의나 대의민주주의 제도에 제한되지 않는 직접민주주
의 원칙과 민주주의의 더 많은 잠재성에 주목하는 커뮤니
티가 되기 위한 것이다. 공탁은 민주주의의 논리뿐만 아

니라 다양한 구성원들의 감성을 소통하고 연대하는 민주주의를 고민하고 실천하는 커뮤니티 문화를 만들기 위해 노력한다.

우정과 협력(연대성)의 원리는 공탁이 개인과 개인, 개인과 집단 사이의 상호이해와 존중의 문화를 지향한다는 의미다. 공탁은 서로의 차이를 존중하고 호혜와 우정에 기반한 삶의 연대를 함께 만들어 가기 위해 노력한다.

문화다양성(다양성)은 공탁이 차이와 협력의 가치를 지역 내에서 확산시키기 위한 운영 원리다. 공탁은 다양한 삶의 정체성과 방식을 존중하고 교류하며 공존하고자 한다.

이런 흐름 속에서 공탁은 한 달에 한 번 전체 모임을 통해 민주적으로 운영되며, 일상적으로는 전체 모임이 위임한 운영위원회의 숙의민주주의와 의사결정에 따라 운영되고 있다. 운영위원은 매년 12월 전체 모임에서 선출해 월 2회 모임을 갖는데, 공탁 구성원이라면 스스로 원하는 경우 누구나 운영위원이 될 수 있다. 운영위원회는 두 명의 공동운영위원장을 선출하는데(임기는 1년이고 연임은 불가하다), 공동운영위원장 중 한 명은 추천과 토론을 통해, 다른 한 명은 '사다리 타기'를 통해 선출한다. 합리적

이고 민주적인 토론만큼이나 우발적이고 직관적인 감각
과 관계 역시 소중하다고 믿기 때문이다.

공탁 사람들은 '사다리 타기'를 매우 자랑스럽게 생
각하며 즐긴다. 누가 공동운영위원장이 되든 집단 지성과
협력을 통해 지혜롭게 커뮤니티를 이끌어 갈 수 있을 것
이라 믿기 때문이다. 공탁은 동네에서 함께 활동하는 동
료들에 대한 신뢰가 존재하는 지역문화생태계다. 그 신
뢰는 공탁의 활동 결과가 기대에 미치지 못하거나 심지
어 실패를 경험하게 될지라도, 그 모든 과정과 경험이 서
로의 삶과 커뮤니티를 견고하고 풍요롭게 해 줄 것이라는
확신에서 출발한다.

공탁의 사회적 의미

문화민주주의와 협치에 기초하여 진행되고 있는
공탁의 지역문화생태계 활동은 한국사회는 물론 세계적
으로도 주목 받고 있다. 지난 2018년 세계지방정부연합
United Cities and Local Governments, UCLG은 국제문화상 수상자
를 발표하면서 공탁을 "지속가능한 도시를 위한 문화정책

의 중요하고 완벽한 사례"라고 소개했다. 아울러 UCLG
는 서울의 성북을 "문화의 가치(문화유산, 다양성, 창의성 및
지식의 전파)를 민주적 거버넌스, 시민 참여 및 지속가능한
개발과 연결시키는 데 크게 기여한 도시이자 지역 정부"
라는 평가를 구체적으로 덧붙였다.°

물론 공탁의 구성원들은 그 누구도 자신들이 해 온
활동을 '완벽한 사례'라고 생각하지 않는다. 오히려 공탁
의 지난 시간들은 지역문화생태계로서 끊임없는 실험과
실패를 반복하는 과정에 가깝다. 다만 공탁은 지역문화생
태계 만들기의 과정을 통해 실험과 실패 앞에서 주저하기
보다는 새로운 실험과 또 다른 실패를 동료들과 함께 즐
기며 배워 왔고, 이 과정을 통해 개개인의 삶과 지역사회
에 의미 있는 결과물들을 공유 자산으로 전환하는 경험을
쌓기 시작했다.

먼저 공탁은 지역문화생태계로서 '시민이 주도하는
문화협치 기반 마련'을 제안하고 실천해 왔다. 공탁의 활
동들은 민간 지역문화 주체들의 전문성과 자율성에 기반
하여 주도적으로 진행되고 있다. 그리고 이는 지역문화생

° UCLG에 대한 자세한 설명과 국제상의 내용, 세계 각국 지원 도시의 사례
등은 부록에서 확인할 수 있다.

태계와 연결되었다. 공탁은 지역 내 사람과 자원에 기초한 의제와 사업을 발굴하는 일을 지속적으로 하면서 문화민주주의와 문화다양성의 가치에 기반하여 지역 내 문화예술 자원과 주체를 연결하는 지역문화생태계의 토대를 구축했다.

공탁은 최근 우리 사회에서 유행처럼 확산되고 있는 '문화적 재생'과 관련하여 지역문화생태계의 관점에서 협치의 중요성과 협치형 모델의 가능성을 확인시켜 주었다. 공탁은 앞서 확인한 바와 같이 다양한 주민과 문화예술인들이 주도하여 죽은 공간을 되살려 내면서 협치를 통해 지역문화생태계 내의 공유지를 확대하는 가능성을 보여준 것이다. 정부가 공급하는 문화적 재생 사업들과는 달리 공탁은 지역의 공간과 커뮤니티를 매개로 새로운 지역 주체들을 등장시키고 관계성을 만들어 가고 있다.

공탁이 집중했던 지역문화정책의 협치형 모델은 현재 다른 지방자치단체들로 확산되고 있다. 공탁은 주민들과 지역 내 시민사회, 대학, 전문가, 공공 기관 등과 협력하면서 '기초지방자치단체 문화정책 혁신'에 일정 정도 기여했다고 평가된다. 지역문화생태계를 지속가능하게 운영하기 위한 협력 조직이자 지원 기관으로서 공탁은 지역

문화재단의 새로운 모델(성북문화재단)을 제시하고 구조화하였다. 또한 이러한 과정들을 기초지방자치단체 차원에서 제도화하기 위해 지역과 분야를 넘어 협력하고 있다.

지역문화생태계와 관련하여 '문화적 가치에 기반한 사회적 협력의 확산'은 공탁이 지향하고 노력했던 활동이다. 공탁의 활동은 지속가능한 사회적 경제 활동으로도 연결되고 있다. 문화예술 활동만이 아니라 지역의 문화예술인들과 함께 주거 환경 개선, 일자리 창출, 경제적 활동 기반 마련의 가능성을 구체적으로 제시해 왔으며, 나아가 지역사회의 다양한 문제를 해결하기 위한 사회적 협력을 확장하고 있다.

지금 이 순간에도 진행형인 지역문화생태계로서 공탁의 도전과 실험은 의미 있는 삶-문화 환경을 축적해 가고 있다. 하지만 공탁의 지역문화생태계는 어느 순간에도 완성되지 않을 것이다. 지속가능한 지역문화생태계가 되기 위해서는 공탁 그 자체가 끊임없이 실험하고 성찰하고 변화하며 실패를 거듭해야 하는 과정이기 때문이다.

1부

도시에서
마을공동체를 만들다

어느 날, 미인도에서 행사가 끝난 뒤 밖으로 나왔는데 늘 쌓여 있던 재활용 쓰레기가 보이지 않았다. 어찌된 일인지 의아해하던 중에, 청소 반장님이 미인도에서 행사가 있는 날은 그 앞에서 하는 작업 시간을 늦출 테니 미리 귀띔해 달라고 하셨다는 이야기를 들었다. 미안함과 고마움이 교차했다. 서로의 삶을 이해하고 존중하지 못한다면 느낄 수 없는 그런 복잡한 감정들이 스쳐 지나갔다.

쓰레기장과
문화예술공간의 만남

사람들을 두루 잇는 복합문화공간,
미인도

하장호(하마귀)

협동조합 고개엔마을 이사장. 지역 활동에 정책연구까지
온갖 종류의 일에 참견하고 있는 문화기획자. 호혜적 삶의
가능성에 관심을 갖고, 예술노동과 지역문화의 영역에서
다양한 실천을 기획하고 있다.

"대체 뭐 하는 곳이야?"

따르릉, 지하 소굴에 전화벨이 울린다. 전화기를 들자 수화기 너머로 날카로운 목소리가 들려온다. 미아리고개 인근 아파트에 붙인 고개장 안내 포스터를 보고 걸려온 전화다. 이름 모를 주민은 '미인도'가 도대체 뭐냐, 혹시 술집이냐, 왜 그런 이상한 곳에서 장터를 여는 거냐 따져 묻는다.

"아, 미인도라는 이름은요. 미아리고개의 '두루 미彌'자에 '사람 인人', '길 도道'를 조합해서 만든 이름이에요. 사람과 사람을 잇는 공간이란 뜻입니다. 미아리고개 고가도로 아래 공간을 활용해서 만든, 지역주민들과 함께하는 문화공간이에요." 처음 듣는 민원은 아니기에 능숙하게 응답하고 나면, '거기가 어떤 곳인지 내가 직접 확인해 보겠다'는 답이 돌아온다.

지난해 고개장을 준비하며 겪었던 이 에피소드는 사실 비슷비슷한 형태로 2015년 공간 조성 이후 계속되었다. 미인도를 술집으로 착각하는 경우는 많지 않지만, 'ㅇㅇ문화센터' 같은 명칭에 익숙한 주민들에게 '미인도'라는 이름이 낯설고 어색하게 들리는 것은 당연한지도 모르겠다. 아니, 고가도로 아래 침침하고 무언가 스멀스멀 기어 나올 것만 같은 곳에 사람들이 함께하는 공간을 만들었다는 것 자체가 이상하게 보일지도 모른다. 어쨌든 미인도가 재미있는 이유는 이 낯섦과 이상함을 품고 있는, 동네 한복판에서 비非일상의 풍경을 만들어 내는, 그래서 우리의 상식과 편견을 깨뜨리는 공간이기 때문이다.

예술이 지역사회에
어떤 기여를 할 수 있을까

미인도의 출발은 2014년으로 거슬러 올라간다. 당

시 성북에서 활동하던 예술가, 문화기획자, 문화운동가, 정책전문가 등 다양한 주체들이 지역문화 거버넌스 중심의 새로운 네트워크인 '공유성북원탁회의' 준비 모임을 시작했다. 참여하는 구성원들의 고민이나 활동, 우리가 그동안 잘 몰랐던 지역에 대한 이해, 그리고 앞으로 그려갈 성북의 모습 등을 둘러싼 다양한 주제들을 함께 이야기하는 데 많은 시간과 노력을 기울였다.

이야기를 나누고 또 나누는 과정에서 과연 우리가 지역사회에서 무엇을 할 수 있을지, 예술이 지역사회와 만나 어떤 모습을 만들어 갈 수 있을지 다양한 의견들이 오갔고, 동네 문제(이슈)를 발견해 함께 논의하는 프로젝트를 구체적으로 해 보자고 뜻을 모았다. 그 과정에서 동네를 돌아다니며 이것저것 관찰하기를 즐기는 동네 건축가 '만평'의 제안으로 미아리고개 고가도로 아래 재활용 쓰레기 수거 공간에 주목하게 되었다.

고가도로 밑에는 성북구 동선동의 재활용 쓰레기를 모으는 공터가 있었는데, 당시엔 이곳을 청소 장비를 보관하거나 그날 다 치우지 못한 쓰레기를 임시로 모아두는 공간으로 활용하고 있었다. 그런데 이 공간은 고가도로를 사이에 두고 좌우로 나뉜 동선동을 이어주는 유일한 길이기도 했다. 고가도로가 시작되는 빵집 '태극당'에서부터 고개 너머까지는 그 흔한 횡단보도 하나 없이 이 길만이 유일하게 사람들이 오갈 수 있는 통로다. 그런데 하필 이 길 바로 옆에 지저분하고 냄새나는 청소 창고가 있다 보니 주민들의 불편함은 이루 말할 수가 없었다. 또한 변변한 가로등조차 설치되어 있지 않은 이곳에선 종종 퍽치기 같은 강력 사건이 발생해 많은 주민들이 불안에 떨기도 했다. 삶의 공간을 우리의 상상력으로 바꿔 보는 이 도전 이야말로 공탁이 가장 잘할 수 있는, 아니 해야만 하는 일이었다.

미아리고개 하부 공간을 바꿔 보기로 한 뒤 워킹그룹 형태의 모임을 만들었다. 구체적인 실행 단계로 넘어가자 과연 지역사회의 협력이 어떤 방식으로 이뤄질지도 일종의 실험일 수밖에 없었다. 기존의 지역 사업은 이미 재원이 확보된 공공의 지원 사업이나 용역 사업에 민간 주체들이 수동적으로 참여하는 탑다운top-down 방식이었다면, '미인도 프로젝트'는 민간 주체들이 손수 기획한 프로젝트를 지역의 다양한 자원들을 엮어 실행하는 이른바 바텀업bottom-up 구조였다. 확보되지 않은 재원 문제를 해결하는 것부터 해당 공간과 관련된 행정적 문제를 해결하는 것까지 넘어야 할 산이 적지 않았다.

공탁의 친구들은 먼저 미인도 프로젝트의 성격에 걸맞은 지원 사업을 찾아보기로 했다. 그때 눈에 띈 것이 한국문화예술위원회에서 지원하는 공공 미술 프로젝트였다. 이 지원 사업은 공간과 시각예술 작업을 연계한 작업이 가능했을 뿐만 아니라 우리가 지역에서 해 보고자 했던 '지역과 예술이 만나는 작업'을 구체화하기에도 적당한 사업이었다. 당시 준비 단계에 있던 공탁이 직접 사업을 신청할 수는 없었고, 공탁에 함께 참여하고 있던 문화도시연구소, 스페이스 오뉴월 그리고 성북문화재단이 컨소시엄 형태로 지원서를 제출했다. 다행히 2015년 지원 대상으로 선정되어 미인도 프로젝트를 위한 최소한의 예산을 확보할 수 있었다.

첫 민관 협동 프로젝트

일단 예산을 확보하자 미인도 프로젝트는 탄력을 받기 시작했다. 어렵게만 느껴졌던 구청 행정 담당자와의 협의도 성북문화재단의 적극적인 노력과 지역 주체들의 활동을 적극 지원하고자 하는 성북구의 관심 덕분에 긍정적인 방향으로 흘러갔다. 하지만 이내 암초를 만났다. 가장 큰 어려움은 일부 주민들의 거센 반발이었다.

미인도가 위치한 동선동은 연립주택과 오래된 개량한옥들이 모여 있는 동네였는데, 주차공간이나 녹지공간이 절대적으로 부족했다. 그러다 보니 손바닥만 한 빈터에도 자동차가 빼곡히 들어서고, 주차 문제로 갈등과 소동이 자주 발생했다. 고가도로 하부를 문화공간으로 만들려고 한다는 이야기를 듣자 주차장이나 만들지 무슨 문화공간이냐며 이내 일부 주민들의 반발이 터져 나왔다.

미인도 프로젝트의 총괄 기획과 설계를 맡았던 '만평'은 매일매일 동선동을 찾아 그런 주민들에게 미인도 프로젝트의 의미와 변화할 마을의 모습을 설명하느라 진땀을 흘려야 했다. 사실 미인도와 같이 고가다리의 하부공간을 문화공간으로 조성한다는 것은 한국사회에서 찾아보기 힘든 사례였고, 주민들 입장에서는 뭐가 될지 알수 없는 공간이 만들어지는 것보다 당장 생활의 불편을 없애 줄 주차장 같은 시설이 들어오는 것을 더 선호했을수 있다. 하지만 공탁 친구들은 미인도 프로젝트를 준비하며 살펴본 다른 나라 사례에서처럼 동네의 유휴공간을 활용하여 일종의 마을 공유지를 형성하고 문화적 에너지를 만들어 낼 수 있다면, 우리의 일상과 마을이 좀 더 풍요로워질 거라는 확신을 갖고 있었다. 그래서 적극적으로 주민들과 만나 이야기하고 소통하는 데 공을 들였고, 그 결과 처음에 가장 심하게 항의했던 동네 주민이 미인도 오픈 행사에 아이들을 데리고 오시기도 했다.

오랜 대화와 기다림의 시간을 거친 끝에 2015년 여름 무렵부터는 본격적인 공사에 들어갔다. 공탁 친구들과 대학생 자원봉사자들은 재활용 쓰레기에서 새어 나와 이 곳저곳에 덕지덕지 붙어 있던 기름때를 벗겨 내고, 창고를 만드느라 임시로 세워 놨던 벽을 철거하고, 바닥을 지탱해 줄 철골 구조물을 짜 넣고, 나무 바닥을 한 장 한 장 깔았다. 이 작업에 참여한 친구들 이름은 지금도 미인도 야외 쉼터 바닥에 새겨져 있다.

그리고 가을이 찾아올 무렵, 미인도는 드디어 모습을 드러냈다. 지금은 작업 공간, 행사 공간, 쉼터, 창고 공간 등으로 다양하게 활용하고 있지만, 오픈 당시만 해도 벽조차 없이 개방된 3단 나무 마루와 야외 쉼터가 전부였다. 하지만 그것마저도 이전에는 경험해 보지 못한 완전히 새로운 공간이었고, 미인도 프로젝트를 함께 만들어

온 공탁의 친구들은 우리가 함께 해낸 이 기념할 만한 첫 공동 프로젝트에 감격하지 않을 수 없었다. 누군가가 시켜서도 아니고, 오로지 우리가 살고 있는 이곳 성북과 동네친구들, 주민들을 위한 공동의 프로젝트를 우리 힘으로 해냈다는 감동은 어쩌면, 이후 본격적으로 이어진 공탁 활동에 작은 원동력이 되었는지도 모르겠다.

지역문화생태계의 공유지

공간은 만드는 것보다 그것을 지키고 운영하는 게 더 어려운 법이다. 2015년 미인도 문을 열고 사람들을 맞이하기 시작한 이후 공탁과 성북문화재단은 이 공간의 운영 방식을 고민했다. 지역의 공공 시설이나 공간을 운영하는 방식은 행정 측의 직접 운영이나 문화재단과 같은 중간지원조직을 통한 위탁 운영, 아니면 완전한 민간 위탁 등 몇 안되는 선택지 사이를 오가는 것이 일반적이다. 행정적으로 보면 미인도는 처음부터 성북문화재단을 통한 위탁 형태로 운영되었는데, 이는 애초 이 공간을 제안하고 조성한 공탁이 의도했던 방식이 아니었다. 공탁과

쓰레기가 쌓여 있던 도로 하부 공간이
문화 공간으로 되살아났다

성북문화재단은 이러한 운영상의 한계를 넘어서기 위해 새로운 공간 운영의 모델을 실험해 보기로 하고, 공간을 함께 만든 사람들이 운영에도 참여할 수 있는 방법을 찾아보기로 했다.

공동 운영 방식이란, 단순한 위탁 또는 공간 운영을 위한 협의 구조에 민간 주체들이 참여하는 수준을 넘어서서 민간이 주도하되 공공의 가치와 지역적 정체성을 담아내는 일련의 과정을 공식화하는 것을 의미했다. 이러한 기본적인 방향성을 공탁과 성북문화재단이 합의한 가운데, 2016년에는 '미아리고개예술마을 만들기(이하 미예마)' 워킹그룹과 당시에 공간 운영을 담당했던 성북청소년문화공유센터가 협력해 미인도를 운영하는 것으로 결정했다. 미인도를 관리하고 전반적으로 운영하는 것은 미인도 가까이 있는 성북청소년문화공유센터에서 맡되, 공간 활성화를 위한 프로그램 개발이나 공간의 정체성을 만들어가는 사업은 미예마 워킹그룹이 담당했다. 주민과 함께하는 활동을 미인도 중심으로 설계하여 운영하고 지역의 예술가, 청년, 주민들을 다양한 방식으로 미인도 공간에 초대하면서 사람의 숨결을 불어넣기 시작했다.

이에 그치지 않고 2017년에는 미인도 운영에 직접

참여하고 있던 미예마 워킹그룹과 성북문화재단이 공동
운영협약을 체결해서 지역의 민간 주체들이 미인도를 보
다 자율적이고 독립적으로 운영할 수 있도록 새로운 길
을 열어 보기로 했다. 이를 위해 공동운영협약이란 방식
을 택한 데는 몇 가지 이유가 있었다. 현실적으로 공공 공
간의 운영이 직영 또는 위탁 외에 제3의 선택지가 없다는
한계도 있었지만, 무엇보다 중요한 이유는 공동 운영이라
는 방식을 통해 민과 관이 각자의 역할과 책임을 고민하
며 새로운 협력 관계를 만들어 갈 수 있지 않을까 하는 기
대 때문이었다. 이러한 문제의식은 2017년 공동운영협약
체결 이후 현재까지 계속 이어지고 있으며, 미인도를 단
순히 '서비스를 제공하는 공간'이 아니라 '새로운 지역문
화의 가능성을 보여주는 지역문화생태계 공유지'로 만드
는 힘이 되고 있다.

쓰레기, 공존의 상징이 되다

미인도는 이 일에 참여하는 친구들에게 동네에서
산다는 것 또는 활동한다는 것에 대해 많은 가르침과 영

감을 불러일으키곤 한다. 미인도를 꾸려가면서 벌어진 크고 작은 사건들을 통해 자연스럽게 동네에서의 삶을 생각하게 되는 것이다. 가령 미아리고개 지역의 청소노동자분들과의 관계 같은 것이 그렇다.

앞서 말한 것처럼 미인도는 재활용 쓰레기 집하장 앞에 자리 잡고 있다. 미인도 조성 당시 이 집하 공간을 다른 곳으로 옮기려 했으나 대체 부지 확보에 실패하면서 재활용 쓰레기와 청소노동자 그리고 미인도의 공생이 2015년 이후부터 지금까지 쭉 이어지고 있다.

운영 초기에는, 평일 저녁 미인도에서 행사를 마치고 나오면 그 앞에 산처럼 쌓여 있는 재활용 쓰레기를 만날 수밖에 없었다. 여름철에는 쓰레기에서 풍기는 악취 때문에 미인도 안에서 행사를 진행하는 이들이 고통을 겪는 경우도 종종 있었다. 미인도가 만들어진 역사와 동네 상황을 모르는 이들에게 이는 매우 당혹스럽고 불편한 모습이 아닐 수 없었다. 밤마다 쌓이는 쓰레기도 쓰레기지만, 청소노동자들이 사용했던 도구나 미처 수거해 가지 못한 쓰레기를 미인도 앞에 쌓아두곤 하는 일들이 자주 생기면서 이로 인한 불편함도 상당했다.

상황이 이렇다 보니 운영 초기에는 청소노동자들과

의 관계가 불편할 수밖에 없었다. 종종 재단이나 구청을 통해 청소 도구나 쓰레기를 미인도에 쌓아놓지 말라고 요청하기도 했고, 몇 차례는 직접 전하기도 했다. 그런데 어느 날, 쓰레기와 청소노동자들에 대한 불만을 토로하던 자리에서 누군가가 이야기했다. 청소노동자 입장에선 우리가 그분들의 공간을 침범한 불청객일 수 있고, 어찌 보면 원래 쓰던 공간을 우리가 빼앗은 것이기도 하니 그분들도 힘들지 않겠냐는 것이었다.

곰곰이 생각해 보니 우리가 미인도로 바꾼 이 공간은 원래 청소도구를 보관하던 곳이었고, 미인도가 생긴 후로는 청소를 하고 나서 청소 장비나 도구를 백 미터쯤 위로 이전한 창고에 부려야 하는 상황이었다. 우리는 미인도란 공간으로 동네를 바꿔 보겠다 이야기했지만, 눈앞에 있는 사람들의 수고와 불편함조차 살피지 못한 채 우리만의 그림을 그리면서 만족하고 있었던 것이다. 불편함을 덜어내고, 지저분한 것을 감추고, 나와 다른 이들을 외면하는 마을에서의 삶과 활동이란 것이 얼마나 오만하고 부끄러운 것인지 생각하게 되었다.

그날 이후 우린 쓰레기와 청소노동자들과의 적극적인 공생을 생각하게 되었다. 미인도를 이용하는 사람들에게 먼저 양해를 구하고 상황을 설명하는 것이 미인도 운영에 포함되었다. 그리고 청소도구를 미인도 앞에 보관할 수 있도록 벤치 겸용 사물함을 설치했다. 미인도를 관리하며 만나는 청소노동자들께 먼저 인사를 했고, 행사가 있어 다과라도 준비하는 날이면 그분들 음료수까지 함께 준비하기도 했다.

그러던 어느 날, 미인도에서 행사가 끝난 뒤 밖으로 나왔는데 늘 쌓여 있던 재활용 쓰레기가 보이지 않았다. 어찌된 일인지 의아해 하던 중에, 청소 반장님이 미인도에서 행사가 있는 날은 그 앞에서 하는 작업 시간을 늦출 테니 미리 귀띔해 달라고 하셨다는 이야기를 들었다. 미안함과 고마움이 교차했다. 서로의 삶을 이해하고 존중하지 못한다면 느낄 수 없는 그런 복잡한 감정들이 스쳐 지나갔다.

그날 이후 미인도 앞에 쌓이는 쓰레기는 우리에게 더 이상 불편하거나 부끄러운 것이 아니었다. 미인도 앞의 쓰레기는 우리가 공존하고 있음을 보여주는 증거일 뿐 더 이상 미인도 운영에 걸림돌이 되지 않았다.

진화하는 공간

미인도는 앞서 이야기했듯 고가도로 아래 빈 공간에서 출발했다. 첫해의 미인도는 말 그대로 완전히 오픈된 공간이었고, 행사나 전시를 위한 기본 장비조차 없었기 때문에 혹서기와 혹한기엔 사실상 이용이 중지되었고, 지나가는 차 소리 때문에 종종 행사가 끊기기도 했다. 그러던 어느 날, 미인도에 외부와 내부 공간을 가르는 문이 생겨났다. 안전이나 방음 등을 고려해 세워진 것이었는데, 벽이 생김으로써 야외 플로어에 가까웠던 미인도에 실내라는 개념이 생겨났다.

실내가 만들어지니 냉난방기 설치가 미션으로 등장했다. 그다음엔 전시를 위한 가벽을 공간에 맞춰 좀 더 가변적으로 사용할 수 있도록 제작했다. 사실상 사용되지 않던 쇼윈도 갤러리는 창고 공간으로 일부 개조했다. 제작 작업을 위한 아틀리에를 만들고, 필요한 장비를 들여왔다. 아무것도 없던 외곽 벽면에 지원 사업 문패를 걸고, 외곽 벽에 조명을 설치했다. 전시 홍보물을 설치된 조명에 맞춰 부착했다. 축소된 쇼윈도 갤러리의 기능을 보강할 대형 모니터를 준비하자 대관 팀이 상영할 영상과 홍보물을 가져왔다. 전시 비중이 높은 공간이었지만, 미인도의 모습이 바뀌면서 공연이나 다른 작업자들의 대관이 늘어났다. 그렇게 매일매일 미인도는 만나는 사람에 맞춰 모습을 바꿔 가고 있다. 때론 성장하듯, 때론 진화하듯 오늘의 미인도는 어제와 다른 공간이 되어 가고 있다.

'미인도의 진화'란 단순히 사용이 편리해진 것만이 아니라, 이 공간을 매개로 마을 활동을 해 나가고 있는 우리의 진화를 의미했다. 사람들의 불편함을 돌아보고, 눈앞의 문제를 해결하기 위해 여러 사람의 의견을 모으고, 활동에 필요한 예산과 자원을 모으는 과정은 마을이라는 학교를 통해 조금씩 성장해 가는 과정이었다. 이렇게 함께 성장한 미인도는 단순한 공간이 아니라 마을 그 자체가 되었다.

하지만 미인도는 공간 조성 이후 해마다 크고 작은 위기로 몸살을 겪고 있다. 미인도 사례를 듣고 전국에서 찾아와 둘러보고는 칭찬하기도 하지만, 유독 성북 지역 사람들 특히 지역 정치를 하거나 관료 사회에 몸담은 분들이 이러저러한 이유로 미인도의 가치나 활동을 깎아내리며 이해하기 힘든 위협을 해서 미인도와 함께하는 사람들의 마음에 상처를 남길 때가 있다. 해마다 반복되는 일

미인도에서는 수시로 문화, 전시, 공연이 이루어진다.

이 이젠 익숙해질 만도 한데 이상하게도 상처는 늘 아프다. 이 글을 쓰는 내내 그 상처들이 계속 욱신거린다. 그동안의 아름다운 기억만큼 앞으로 겪어야 할 또 다른 시련과 상처가 걱정되기 때문이다.

하지만 미인도와 함께 성장해 온 우리는 '미인도를 생각하기'를 멈추지 않을 것이다. 미아리고개 고가도로 아래 더러운 시멘트 벽 앞에 펼쳐진 백 평 남짓한 마룻바닥에서 우리는 함께 살아가는 마을의 미래를, 우정을, 희망을 엿볼 수 있었다. 언젠가 미인도를 떠나보낼 날이 오겠지만, 성북의 친구들과 미인도에서 쌓아 온 아름다운 추억으로 우린 행복할 것이다.

2장

마을극장,
현재를 살아가는 공간

미아리고개예술극장

유희정(희왕)

공유성북원탁회의 성원 중 성북문화재단에 입사한
첫 번째 주자. 현재 성북문화재단에서
미아리고개예술극장, 미인도, 미아리고개예술마을을
담당하며 친구들과 마을에서 함께 살아가고 있다.

워킹그룹과의 만남

2013년 이곳 미아리고개 예술극장(이하 '미고개극장')을 처음 만났을 때 나는 성북문화재단 중장기 문화정책 연구에 참여하고 있었다. 문화시설 현황조사를 위해 현장을 방문했을 때 이곳의 이름은 '아리랑아트홀'이었다. 그날은 참 따뜻한 날씨였는데도 극장 안은 쌀쌀했다. 미아리고개를 가로지르는 고가다리 아래 사방을 돌벽으로 두른 극장은 안내자가 없었다면 극장인지 알아보기 힘들 정도로 눈에 띄지 않았다. 간판도, 극장임을 알리는 어떤 표식도 없이 입구에는 페인트가 다 벗겨진 빨간 티켓박스만 덩그러니 놓여 있었다.

극장 문을 열고 들어갔을 때 천장이 높은 무대가 굉장히 인상적이었고, 무대 위에 우뚝 솟아 있는 돌벽은 연극이 끝난 후 철거하지 않은 무대 세트 같았다. 분명 고가 위에 있는 극장인데 들어와 보니 마치 지하에 있는 비밀 벙커 같은 신기한 공간이었다. 타인의 시선으로 극장을 바라보던 그때까지만 해도 나는 내가 성북문화재단에 입사하게 될 줄은 꿈에도 생각하지 못했다.

2015년 3월 미고개극장에서 공탁 전체 모임이 있었다. 이날은 그간 호혜를 다지던 모임의 분위기와 조금 달랐다. 성북문화재단 대표가 나와서 일 년간의 사업 계획과 예산을 공유했고, 공탁 성원들이 적극적으로 참여하길 제안했다. 사람들은 모두 집중했고, 정보의 홍수 속에 있는 듯했다. 그 자리에서 다섯 개의 워킹그룹이 제안되었다. 모임에 참여한 사람들은 문화다양성, 미아리고개예술마을 만들기, 정릉 예술마을 만들기, 성북 예술마을 만들기(성북도원), 미아리고개 예술극장 중에서 자신이 참여하고 싶은 워킹그룹을 선택했다. 관심사가 다양한 사람들은 중복 참여를 희망하기도 했다. 두 달 후, 다섯 개의 워킹그룹이 본격적으로 활동을 시작했고 미고개극장 워킹그룹은 4월 3일 첫 모임을 가졌다.

문화재단에 입사한 지 4개월쯤 되었을 때였다. 미고개극장 워킹그룹 모임에 내가 들어가면 좋겠다는 팀장의 제안이 있었다. 아니, 그냥 통보였다. 뭘 해야 하는지도 모른 채 팀장을 따라 첫 모임에 참석했다. 그날은 2015년 6월 11일, 워킹그룹 열 번째 모임이었다.

아리랑시네센터 3층 로비에 있는 원탁 테이블에 열 명 가량의 사람들이 둘러앉아 있었다. 대부분 연극배우, 연출가, 공연기획자들이었다. 이들은 미고개극장 이야기를 하며 잔뜩 긴장해 있었다. 나는 이들이 왜 이렇게 예민하게 대화를 나누고 있는지 파악하는 데 시간을 다 써야만 했다. 입을 떼지도 못한 채 세 시간이 흘러갔다. 세 시간 내내 그곳에 모인 사람들은 뜨거웠고, 아무도 지치지 않았다. 화법, 말투, 사용하는 단어는 모두 달랐지만 미고개극장이 정상화되길 바라는 마음은 같았다. 이곳에서 누가 무엇을 할 것인지보다 극장을 극장답게 만들기 위한 고민이 먼저였다.

2014년 성북문화재단이 설립되면서 성북구로부터 도서관을 포함한 문화시설 대부분의 운영을 위탁받았다. 미고개극장이 그간 어떤 역사를 가지고 누구를 만나 왔는지 자세히 알 수는 없었지만 꽤나 지쳐 보였고 망가져 있었다. 2013년 극장을 처음 봤을 때와 달라진 것은 이름뿐이었다.

첫 모임 이후, 나는 매주 목요일 미고개극장 워킹그룹 모임에 참석했다. 매주 빼놓지 않고 오전 세 시간씩 만났고, 시간이 부족하면 주말이든 저녁이든 또 만났다. 개중에는 새벽에 이야기를 하자고 집 앞으로 찾아오는 이도 있었다. 그것도 부족하면 전화로, 문자로 이야기를 나눴다. 시간과 장소는 정해져 있지 않았다. 이 시간이 피곤하고 힘들기보다 '찐'하게 관계를 만들어 가는 시간 같았다. 모든 경험이 처음이었고, 내 안에 이런 감정들이 있었나 싶을 정도로 처음 느껴 보는 감정들이 올라왔다. 이 시간이 꼭 필요한 과정이라는 것을 몸으로 알 수 있었다.

만나서는 주로 극장 이야기를 나누었지만 그러다 보면 서로의 일정을 알게 되었고, 그러면 또 새로운 공연 이야기나 요즘 연극계 소식들이 꼬리에 꼬리를 물고 이어졌다. 마치 줄줄이 사탕처럼. 그러고도 쉬는 시간이 되면 새로 시작한 연애 이야기, 이사 이야기, 과거 살아온 이야기 등등 그냥 자기 이야기들을 했다. 이런 수많은 시간과 이야기들이 쌓이면서 나와 극장, 워킹그룹 멤버들은 서로 친구가 되어 가고 있었다.

우리가 극장인데

2015년 8월, 외부에서 미고개극장을 소개해 달라는
연락을 받았다. 소위 '협치' 사례라나 뭐라나. 머리가 띵해
졌다. 우린 매일 싸우고 화해하기를 반복하고 있는데 '협
치'라니. 속으로 기가 찼다. 매일 극장에서는 크고 작은
폭탄들이 터지고 있는데 도대체 나가서 무엇을 이야기하
란 말인가. 맨땅에 헤딩하고 있는 우리가 어디에 소개될
만한 사례인가 싶었다.

발표 자료를 만들기 위해 막상 컴퓨터 앞에 앉으니
극장에 대해 또, 그곳에 모여 있는 사람들에 대해 알고 있
는 게 별로 없는 것 같았다. 미고개 사람들을 만난 지 고
작 3개월 정도 지난 시점이었다. 발표 내용으로 무엇을
담을지 곰곰이 생각하다가 '극장은 사람이 다지, 그냥 사
람들을 소개하자, 그게 곧 극장을 소개하는 거지' 하는 생
각이 들었다. 그래서 워킹그룹 멤버들 중 그간 친해지고
싶었던 세 명에게 먼저 만나자고 연락을 했다.

첫 번째 만난 사람은 극장 워킹그룹에서 코디네이
터 역을 맡고 있는 친구였다. 일대일로는 처음 만나는 거
라 그동안 가장 이야기를 많이 나눠 본 그에게 연락을 하

는 게 편했다. 만나서 특별한 이야기를 한 게 아니라, 그냥 그의 이야기를 들었고 극장 이야기 말고 사적인 수다를 나눈 건 처음이었다. 다섯 살 때부터 연극이 좋았다고, 스무 살에 프랑스에 가서 시민 연극을 알게 되었다고, 나중에 미고개극장에서 주민들과 함께 연극을 만들고 싶다고 했다. 분명 우린 사적인 이야기를 나누었는데 어느새 다시 극장 이야기를 하고 있었다.

다음 날 두 번째 사람을 만났다. 그는 사회학을 전공했으나 대학 때 연극동아리에 빠져 연극을 시작하게 됐다고 했다. 처음 연극을 배울 때 조명 파트로 시작했다는 그는 미고개극장을 방문했을 때 극장 시설의 위험 요소를 가장 먼저 발견해 주었다. 그동안 죽어 있던 미고개극장에 다시 불이 켜진 건 그때부터인 것 같다. 그는 미고개극장에 사람을 만나러 왔다고 했다. 3개월 동안 극장에서 보낸 시간은 사람들을 만나기 위한 자기 증명의 시간이었다는 그의 말을 듣고는 명치 끝이 뜨거워졌다.

인터뷰를 가장한 수다 끝에 그는 나에게 이런 말을 했다. 떠도는 젊은 예술가들에게 미고개극장이 집 같은 곳이길 바란다고. 그 이야기를 듣고 나는 마음속으로 미고개극장이 그에게도 또 다른 집이 되기를 바랐다. 그리고 나도 그에게 울타리 같은 친구가 되고 싶었다.

그리고 세 번째 사람을 만났다. 사실 나는 예전에 그를 광화문광장에서 만난 적이 있었다. 세월호 진상 규명 운동에 참여하고 있던 그는 광화문광장을 찾은 나에게 웃는 얼굴로 노란 나비를 건네주었다. 그리고는 광장에서 그가 참여하는 공연을 봤다. 무대에 선 그의 모습은 빛이 났다. 성북에서 그를 만나기 전부터 나는 주변 지인들에게 그의 이야기를 여러 번 들었다. 미고개극장 워킹그룹에 그가 올 테니 만나면 사이좋게 지내라고, 좋은 사람이라고 했다. 주변 지인들로부터 이런 이야기를 듣고 만나는 것이어서 그런지 친근감이 먼저 생겼다. 나는 그를 만나자마자 '형'이라 불렀다.

그는 집안의 경제 사정으로 일찍부터 일을 하던 중 유명한 배우가 되면 돈을 많이 벌 수 있지 않을까 하는 생각에 강원도에서 서울로 상경했다고 한다. 연극배우로 활동하면서 그는 학교에서 배우를 꿈꾸는 아이들도 가르쳤다. 동료 예술가들과 같이 살아가는 것에 관심이 많은 사람이었다. 8월의 어느 무더운 날, 동선동 어느 커피숍에서 만나 3시간쯤 이야기를 나누었다. 강원도에서 서울 상경까지 삶의 일대기를 거의 다 들은 듯했다. 아직 가까운 사이도 아닌데 자신의 이야기를 스스럼없이 꺼내는 그가 신기했다. 알고 보니 그도 내 이야기를 많이 들었다고 했다. 미고개극장에 가면 나와 친하게 지내라는 말을 들었다고. 나와 그의 주변인들이 우리도 모르는 사이에 우리를 가깝게 만들어 놓았구나 싶었다.

긴 이야기 끝에 그는 미고개극장이 동료 예술가들에게 기회의 장이 되면 좋겠다고 했다. 그 이야기를 들었을 때 광화문광장 무대에서 빛나던 그의 모습이 떠올랐다. 그의 빛나는 모습을 보고 있을 때 벅찼던 나의 마음까지도. 그는 나에게 '예술가가 무대 위에서 빛난다'는 것이 어떤 모습인지 보여준 사람이었다. 나는 그가 미고개극장에서 계속 빛날 수 있길 바랐다. 그 빛남과 더불어 나에게도 함께할 수 있는 일들이 있을 거라 생각했다.

이 세 명을 만나면서 분명히 느낀 것은 이들이 극장에서 무엇을 하는지는 중요하지 않았다는 점이다. 이 시간 우리가 극장에 함께 있다는 것이 더 중요했다. 나에게 이 친구들은 죽어 있는 극장을 살리는 사람들이 아니라 그냥 이들 자체가 극장이었다.

우리는 6개월 정도 극장에서 아무것도 하지 않았다. '아무것도 하지 않았다'는 건 공연을 올리지 않았다는 말이다. 예술가들도 행정기관도 극장 혹은 공간에서 아무것도 하지 않는다는 건 결코 쉬운 선택이 아니다. 행정은 공간이 잘 운영되고 있는지를 가동률과 참여율로 평가하고, 늘 공간이 부족한 예술가들은 공간을 놀린다고 생각하기 때문이다. 그럼에도 우리가 극장에서 공연 혹은 프로그램을 하지 않기로 결정했던 건 우리에겐 서로를 공부할 최소한의 시간이 필요했고, 이 시간이 앞으로 극장에서 더 오래 많은 사람들과 함께 활동할 수 있는 자양분이 될 거라 믿었기 때문이다.

6개월 동안 공연을 하지 않는 대신 우리는 극장을 점검하고, 극장 주변을 청소하며 극장을 탐구했다. 그 시간 동안 도출된 문제점을 찾아 해결하는 시간의 연속이었다. 깊게 들어와 관찰하지 않고는 발견할 수 없는 무수한 문제들 속에 우리는 놓여 있었다. 배전반을 옮기고, 조명 콘솔을 바꾸고, 극장 간판을 달고, 티켓박스를 색칠하고, 비둘기똥 청소까지. 그야말로 '미션 임파서블: 미아리고개 예술극장 현실판'이었다.

"앞으로 잘 부탁해"

　　3개월 동안 우리는 매주 만나고, 그것도 모자라 사이사이에 두세 명씩 따로 또 만났다. 그렇게 켜켜이 쌓여가는 시간 속에 극장은 조금씩 살아나는 듯 보였다. 극장이 조금씩 모습을 찾아가자 우리는 누구라 할 것 없이 각자 할 수 있는 것들을 쏟아내기 시작했다. 그것을 한자리에 모아 보니 7월부터 11월까지 프로그램이 빽빽하게 들어찼다. 이것을 모아 우린 축제를 열기로 했다. 미고개극장이 다시 돌아왔음을 알리고, 앞으로 동네에서 극장을 잘 봐 줬으면 하는 마음으로 축제 이름을 〈돌아온 미아리고개 예술극장 "앞으로 잘 부탁해"〉로 결정했다. 워킹그룹 회의에서 이 의견을 낸 건 나였다. 이름을 '앞으로 잘 부탁해'라고 붙인 건 사실 내가 워킹그룹 사람들에게 하고 싶었던 말이기 때문이다. 그리고 극장에게도 우리를 잘 부탁한다는 말을 전하고 싶었다.

　　우리는 5개월 동안 극장을 써 볼 수 있는 대로 다 써보기로 했다. 마음껏 써 봐야 또 고쳐야 할 것을 발견할 수 있기 때문이다. 극장을 비워 둔 시간 덕분에 우리가 하고 싶고, 할 수 있는 것들이 사방에서 터져 나왔다. 특별하게 무언가를 기획하지 않아도 우리가 이야기한 것들을 채워 넣으니 5개월의 시간이 가득 찼다. '변방 연극제'를 시작으로 어린이하우스매니저 워크숍, 장단놀이 뮤지컬 '핫도그' 공연, 매주 열리는 일요낭독극장, 예술가 워크숍, 시민배우들과 함께하는 시민연극교실 등 매일매일 극장에는 놀거리들이 넘쳤다. 밤늦게까지 무대를 준비하고, 공연을 올리고, 또 공연이 없는 날에는 워크숍을 진행하며 우리는 미고개극장과 점점 친해지고 있었다.

예술가는 아니지만 나도 이들 틈에서 무언가를 하고 싶어졌다. 그간 워킹그룹 사람들과 지지고 볶으면서 오로지 내 눈에 들어왔던 것은 이 사람들이 극장을 이야기할 때, 또 극장에 있을 때 빛나던 모습들이었다. 그 모습을 오래 기억하고 싶었다. 늦기 전에 영상기록을 남기면 좋겠다 싶었다. 워킹그룹 회의 자리에서 영상 기록을 안건으로 내놓고 동의를 구했다.

그 후 워킹그룹 멤버들로부터 영상감독 한 명을 소개받았다. 소개받은 영상감독은 경력은 많지 않았지만 내가 영상으로 담고 싶어 하는 것이 무엇인지 귀 기울여 주었다. 그의 세심함과 수용력 덕분에 7분 45초의 영상이 제작되었다. 이후 이 영상은 극장을 소개할 때 많이 사용되었지만, 난 가끔 마음이 힘들 때도 이 영상을 틀어 본다. 처음 극장을 만났을 때 뜨거웠던 우리의 모습이 흐릿해져 갈 때 영상을 보면 조금씩 그때의 감각이 다시 살아나곤 한다. 영상 속에 있는 우리와 그때의 내가 그리워지기도 한다. 2015년 우리는 찬란하게 빛나고 있었다.

단단한 변화

뜨거운 일 년을 보냈다. 짧은 시간 참 많은 일이 있었다. 그간 일부는 더 끈끈해졌고, 일부는 워킹그룹을 떠났다. '앞으로 잘 부탁해' 축제 덕분에 미고개극장이 운영을 재개했다는 말들이 동네에서 슬슬 돌기 시작했다. 워킹그룹의 극장 운영 능력에 대해서도 어느 정도 인정받는 듯했다.

그런데 내가 몸담고 있던 성북문화재단에서 조직 개편과 인사 이동이 있었다. 2017년 가을 나는 문화기획팀으로, 미고개극장은 신설된 마을공유극장 팀으로 각각 옮겨졌다. 발령은 나에게도, 함께 호흡을 맞춘 워킹그룹 멤버들에게도 충격이었다. 새로 극장 업무를 맡은 담당자에게도 부담스럽고 난감한 일이었을 것이다. 이후 나는 틈틈이 새로운 담당자와 이야기를 나누고, 또 워킹그룹 멤버들과도 일상적인 관계를 이어갔다. 하지만 한 발짝 떨어져 미고개극장을 지켜보는 수밖엔 없었다. 일 년간 그렇게 우리는 변화된 환경에서 적응해 갔다.

그 사이 워킹그룹은 협동조합을 준비하고 있었다. 2017년 성북에는 협동조합들이 하나둘 생겨나고 있었다. 가볍고 자유로운 마을 활동으로부터 시작한 것이었지만, 좀 더 자신의 활동에 책임을 가지고 활동하고자 하는 사람들이 늘어갔다. 함께하는 활동의 몸체로서 협동조합이라는 형식이 알맞은 듯했다.

미고개극장 구성원들도 이런 분위기 속에서 극장을 본격적으로 운영해 보기로 결심했다. 쉽지 않은 길을 선택한 친구들이 멋있고 고마웠다. 극장과 워킹그룹 친구들은 예술가들에게 무엇이 필요한지를 고민했다. 미아리고개예술극장은 늘 결과물만 지원받을 수 있는 현재의 지원사업 구조에 익숙한 예술가들의 빈틈을 찾아 채웠다. 그렇게 시작한 프로그램이 창작플랫폼 M. A. P. Miarigogae Art Platform이다.

M. A. P.는 공연을 발표하기 전의 사전 제작 과정을

지원하는 프로그램으로 지역극장에서 시도해 봄 직한 프로젝트였다. 창작 과정을 지원해 주는 것 자체가 예술가들에게도 낯선 경험이었다. 그래서 이 지원을 알리고, 프로그램을 설명하는 데 시간을 꽤 보내야만 했다. 이런 과정을 통해 미고개극장은 서서히 극장의 색깔을 만들어 가고 있었다. 그리고 그해 9월 미고개극장 워킹그룹은 협동조합 '마을 담은 극장'이 되었다.

선명해져 가는 극장

2015년, 힘들거나 일이 풀리지 않을 때 나는 극장을 다녀오겠다는 핑계로 사무실을 벗어나곤 했다. 사무실에서 극장까지 걸어가는 십여 분의 시간 동안 음악도 듣고, 편의점에도 들르며 뭔지 모를 해방감을 느꼈다. 극장에 도착해서는 객석에 가만히 앉아 있다 오거나, 일하고 있는 워킹그룹 친구들과 이야기를 나눴다. 극장에 가면 워킹그룹 친구들은 늘 무대를 꾸미느라 바빴다. 위험한 사다리에 올라가 일하고 있는 그들을 볼 때마다 극장에 콧바람 쐬듯 마실 나온 게 미안했다. 그런 모습을 보고 나면

'아, 이 친구들도 이렇게 열심히 하고 있는데 나도 힘을 내야지' 하며 이내 위로 받고는 사무실로 돌아왔다.

그 후 2016년 여름부터 2018년 여름까지 2년 동안 미고개극장은 담당 부서와 담당자가 두 번이나 바뀌었다. 아니, 2016년 바뀌었던 담당자가 퇴사를 하면서 2017년 내가 잠시 맡았었으니 총 세 번 바뀐 셈이다. 자주 가지는 못해 극장이 돌아가는 상황을 자세히 알긴 어려웠지만, 2년 간 담당자들이 바뀔 때마다 (내가 극장 담당자가 아닐 때도) 상의해야 할 일이 생기면 함께했다. 두 번째 담당자가 갑자기 퇴사하면서 2018년 6월, 미고개극장은 돌고 돌아 다시 나에게 왔다. 2년 동안 간간이 극장을 들여다보긴 했지만 다시 만난 극장의 모습은 또 새로웠다. 2015년 극장을 처음 만났을 때와 비교해 보면 확실히 안정감이 느껴졌다. 시간의 힘이었을까.

극장은 M. A. P. Miarigogae Art Platform와 공동기획 공연을 계속 이어 나가고 있었고, 극장 모니터링단 운영을 새롭게 시작했으며, 홈페이지도 생기고, 새로운 상주단체도 파트너로 함께하고 있었다. 극장은 점점 자기만의 색깔을 만들어 가며 마을에서도, 연극계 안에서도 자리를 잡아가고 있었다.

그동안 극장에서 해 온 많은 시도는 미고개극장 고유의 정체성을 만들어 주었다. 그중 상주단체와 함께한 〈성북올스타즈〉는 전문예술가와 시민배우의 협업을 시도한 프로그램이다. 연극을 제작하는 기존 시스템을 그대로 유지하면서 스태프 프로덕션은 상주단체가 맡고, 시민배우는 오디션을 통해 선발했는데, 이 과정을 지역에 있는 협동조합과 함께 진행했다. 극장, 상주단체, 협동조합, 시민배우가 협력하는 이 복잡한 프로젝트를 알리기 위해 "내가 우리 동네 연극왕이다"라는 거창한 타이틀을 달고 성북 곳곳에 포스터를 붙이고 현수막을 내걸었다.

이 프로젝트에선 시민배우를 '가르쳐야 하는 교육의 대상'으로 바라보지 않았다. 시민배우와 함께한다고 제작 과정이 어설픈 것은 용납되지 않았다. 작품과 관객을 만나는 자세는 전문예술가, 시민배우 모두 같았다. 이 복잡한 과정을 통해 우리는 〈눈 먼 사람들Blinders〉, 〈나의부족Tribes〉 두 작품을 만날 수 있었다. 작품을 만들어 가는 과정을 통해 미고개극장의 색은 선명해져 갔다.

덕분에 2019년 생각지 못한 제안을 받았다. 미고개 극장 상주 단체로부터 극단의 기획 PD를 맡아 달라는 제안이었다. 재단에서 극장을 담당하고 있는 내가 자신이

전문예술가와 시민배우의 협업을
시도한 공연 <성북 올스타즈>

맡고 있는 극장의 상주단체 기획 PD를 해도 괜찮은 걸까? 생각이 많아졌다. 며칠 깊이 고민했지만 제안한 사람, 상주단체 단원들과 가까워지고 싶었던 나로서는 거절할 이유가 없었다. 일 년 동안 우리는 두 개의 신작과 7회차의 워크숍을 함께 했다. 그 시간 동안 단순히 극장 담당자가 상주단체의 PD를 한다는 프레임에서 벗어나 우리는 같은 목표와 지점을 향해 가는 동료가 되어 가고 있었다.

작품을 만드는 내내 당사자성과 동시대성을 놓지 않기 위해 공부하고, 논의하고, 고민하였다. 그들의 고민과 탐구는 작품을 넘어 극장과도 맞닿아 있었다. 장애인과 노약자들도 당연하게 극장을 이용하며 공연을 관람할 수 있는 평등한 권리에 대해 고민하면서도 '극장이 이렇게 지어져 있었기 때문'이라는 핑계를 방패 삼아 그동안 가슴 한켠에 미뤄 두었던 미션을 들춰 냈다. 함께 새로운 환경을 만드는 것을 두려워하지 않았다. 덕분에 2019년 10월, 미고개극장에는 휠체어 경사로가 설치되었다. 우리는 여전히 그 감각을 잃지 않기 위해 부단히 노력하고 있다.

돌아보면 그동안 미고개극장은 수많은 사람들을 만났다. 때로는 친구와 동료로, 또 때로는 극장을 지지하고 아끼는 팬으로. 극장은 그렇게 많은 사람들의 삶의 시간 안에서 그들과 함께 성장했다. 5년의 시간 동안 만나 온 수많은 사람들은 나에게 '각각의 극장'이었다. 때로는 내가 극장이 되기도 했다. 미고개극장은 누구를 만나느냐에 따라 색을 달리 했고, 다양한 색이 덧입혀졌다. 그렇게 공간도 인격을 가질 수 있다는 것을 우리에게 몸소 보여주었다.

앞으로 미고개극장과 함께 보낼 시간은 또 극장과 우리에게 어떤 색으로 비춰질까. 5년 동안 우리가 극장을 살려 내고 있다고 생각했는데, 사실은 극장이 우리를 살게 해 주고 있었던 것 같다. 앞으로가 더 기대되는 극장을 그래서 떠날 수가 없다.

3장

그곳엔

시끄러운 도서관이 있다

천장산우화극장

유영봉(봉봉)

극단 서울괴담을 창단하여 거리예술, 장소 특정 연극
등 새로운 연극언어를 탐색하는 연출가로 활동 중이다.
월장석친구들의 구성원으로 천장산우화극장에서
운영위원으로 활동하고 있다.

대학로의 곡소리

연극 신scene에서 탈 대학로 논의는 1970년대부터 꾸준히 진행되어 온 일이었다. 천장산우화극장을 계획하던 2015년 당시, 서울 대학로에서 30년 동안 일궈 온 '대학로극장'°이 급격한 임대료 인상을 감당하지 못해 문을 닫는 지경에 놓이자 연극인들이 상여를 들고 나와 곡소리를 냈다. 사실 나는 여기에 감정이입이 잘 되지 않았다. 여기서 다시 한번 예술이 무엇인지, 연극이 무엇이어야 하는지, 그리고 어떤 모습으로 존재해야 하는지 자문해 보지 않을

° 서울 종로구 대학로에 있는 소극장으로, 동숭동이 본격적인 소극장문화를 형성하기 시작한 1987년 개관했다. 샘터파랑새극장(1984년 개관), 연우소극장(1987년 개관)에 이어 세 번째로 오래된 극장이다.

수 없었다. 대학로 소극장들의 창작극과 실험극이 공연예술 생태계에 미치는 영향력은 여전히 유효할까?

나의 결론은 이렇다. 대학로는 더 이상 연극인들의 소통 공간을 확보하기 어려운 곳이 되었다. 마치 도서관의 칸막이로 나뉜 책상들처럼 극장과 극장이 관계할 수 있는 커뮤니티 공간은 사라졌고 연극과 무관한 상업지구가 되었으며, 개별 소극장들 또한 소통의 공간인 로비 하나 제대로 갖추지 못하는 열악한 환경에서 공연자와 관객의 관계는 생산자와 소비자라는 단순한 관계로 전락해 버렸다. 그나마 대안적인 공공 공간이 되기도 했던 대학로의 거리와 마로니에 공원은 상업극의 모객 행위 그리고 더 이상 연극과는 무관한 상점들이 점유하고 있다.

마치 불빛을 향해 달려들다 부딪혀 떨어지는 불나방들처럼, 대학로에 있으면 한국 연극의 중심에 도달할 수 있을 것이라는 헛된 믿음이 그동안 얼마나 많은 연극인들을 나가떨어지게 만들었을까. 그리고 이렇게 만들어진 예술적 담론은 과연 무엇이었을까? 화제의 공연을 내거는 몇몇 극장을 빼고는 대학로의 그 어떤 요소도 연극인들에게 영감이 되어 줄 것 같지 않은데 굳이 대학로여야만 할 이유는 어디에 있을까?

연극인들이 서로 영향력을 주고받으면서 예술적 담론의 장이 되기도 했던 카페나 선술집은 일찍이 자리를 옮겼다. 아르코예술극장, 서울연극센터, 예술가의집, 대학로 연습실 등 공공 기관이 그 기능을 대신하고 있다지만, 예술가들 스스로 형성한 자생적인 거점들을 대신할 수는 없을 것이다. 대학로를 중심으로 형성됐던 민간 연습실들과 그 근처에 살던 예술가들 역시 임대료에 허덕이며 대학로에서 점점 먼 곳으로 거처를 옮겼다. 이후 대학로극장 자리는 고깃집으로 변모했고, 정재진 대표는 충북 단양군 영춘면 만종리로 옮겨가 '만종리대학로극장'을 오픈했다. 이 소식이 나에게는 이렇게 들렸다. 만종리는 '지역공동체'를, 대학로는 '표현의 자유'를, 극장은 '예술생태계'를 상징하는 이름으로.

천장산 아래,
도서관 아래 극장

건물과 건물 사이에서 하늘을 가로막고 있는 내부 순환로 고가도로 아래, 음산한 자동차 도로. 그곳을 피해

골목으로 들어서면 다행히도 조용한 마을 풍경이 펼쳐진다. 단층 주택들 사이로 난 길을 따라 올라가면 무뚝뚝하게 천장산°을 가로막고 서 있는 또 하나의 괴물, 구립 '성북정보도서관'이 보인다. 꽤 큰 건물이지만, 하늘이 숨겨놓은 산이라는 뜻을 가진 천장산의 이름처럼 이 도서관도 좀처럼 눈에 띄지 않는다. 이 도서관 지하에 숨어 있는 극장이 바로 천장산우화극장이다.

이곳을 처음 방문했을 때 공공 도서관을 왜 이렇게 꼭꼭 숨겨 놓았는지 이해가 잘 가지 않았다. 마을사람들은 마을을 품고 있는 천장산을 좋아했다. 도서관이 생기기 전에는 이 산을 '정보부° 뒷산'이라 불렀다며, 산등선을 따라 휘감겨 있던 철조망과 장벽에 대해 설명해 주었다. 무서워서 산 쪽으로는 고개도 돌리지 못했다고 했다.

또 하나 이해하기 어려웠던 건 칸막이 책상이 있는 열람실이었다. 도서관의 칸막이는 옆 사람과 아무 소통도 하지 말고 오직 경쟁의 세계에서 살아남으라고 말하고 있는 것 같았다. 칸막이에는 능력주의 신화, 성공 신화에 짓

°   서울 성북구 월곡동, 석관동, 동대문구 회기동, 청량리동에 걸쳐 있는 해발 140m의 산으로, '하늘이 숨겨놓은 산'(天藏山)이라는 뜻을 가졌다.

°   석관동 중앙정보부 옛 청사. 군사독재정권 시절 '공포정치'의 대명사로 불리었다.

눌린 푸념들이 낙서가 되어 고단한 땀 냄새와 함께 버무러져 있었다. 도서관의 칙칙한 첫인상은 지하실로 내려가면서 극에 달했다. 살아 있는 것이라곤 아무것도 없을 듯한 이 지하실에 도달했을 때, 나는 이곳에 예술적 생기를 불어넣고, 숨막히는 칸막이들로부터 돌파구를 찾고 싶다는 욕구가 꿈틀거렸다.

도서관 지하에는 푸르스름한 벽과 인조석 바닥의 긴 복도를 따라 세 개의 세미나실, '참새의 집'이라는 매점을 겸한 너른 식당, 그리고 '컨벤션 룸'이라는 강당이 자리하고 있었다. '모이고 참석한다'는 뜻을 지닌 컨벤션이라는 이름에서는 2002년 개관 당시 도서관의 포부가 엿보인다. 그리고 작은 강단을 향해 한 방향으로 정렬되어 있는 고정 객석은 한 사람의 연설자와 그의 말을 일방적으로 경청하고 있는 청중의 모습을 연상시키면서 더욱 아이러니하게 느껴졌다. '예술' 또한 어쩌면 공급자 위주의 일방적인 장르로 굳혀져 가고 있는 것은 아닌지 의문을 던지지 않을 수 없었다.

공유성북원탁회의에서 이 도서관 지하공간에 대한 논의가 이어질 즈음, 도서관 또한 변화의 필요성을 인식하고 있었다. 우선 공공 도서관의 역사적 맥락 속에서 칸막이 열람실이 개발 독재의 심각한 잔재라는 점, 온라인 도서관리 시스템이 그대로 오프라인의 열람 방식으로 옮겨진 행정의 한계, 그리고 시민 참여로 지역의 건강한 문화적 역할을 수행하고 있는 여러 해외 도서관의 사례를 비교하면서 우리가 겪고 있는 현실을 통감할 수 있었다.

그 후 우리는 이곳에 동네친구들을 하나둘 부르기 시작했다. 이어 연극교실을 매개로 주민들과 청소년들이 이 공간을 찾기 시작했으며, 도서관을 중심으로 활동하는 독서모임도 이어졌다. 세미나실 하나는 스튜디오(월장석 스튜디오)로 변모했고, 또 하나에는 파트너인 성북문화재단이 도서관지역협력팀을 꾸려서 아예 이사를 왔다.

어느 날, 주민들과 상상의 마을지도를 그려보는 시간을 가졌는데 그 지도 안에는 공통적으로 '극장'이 그려져 있었다. 신기한 일이었다. 주민들의 상상 한가운데에 극장이 박혀 있는 것은 연극을 하는 나에게 매우 특별하게 다가왔다. 그렇지. 고대부터 도시가 만들어지면 언제나 극장이 지어졌었지. 그러나 고대 로마의 극장들이 시민들에게 즐길 거리를 제공하는 대가로 요구한 것이 정치와 권력에 대한 무관심이었던 점은 우리에게 씁쓸한 뒷맛을 남긴다. 왜 극장을 그려 넣었는지 궁금해서 주민들에게 물었더니 의외의 대답이 돌아왔다. "영화 상영 많이 해 주면 좋을 것 같아서요." 그렇다. 주민들에게 연극은 아직 낯선 것이다.

이렇게 도서관 주변의 월곡동, 장위동, 석관동의 예술가와 공탁의 동료들, 그리고 주민들이 모여 '월장석친구들'이 되었다. 도서관에서도 마을 공론장을 열어 주민들의 의견을 경청했다. 극장을 마을광장으로 인식하는 경험이 하나둘 모아져서 무대와 객석의 구분이 없는 블랙박스 형태의 천장산우화극장이 탄생한 것이다.

예술마을에 산다

천장산우화극장의 탄생은 이런 저런 이유에서 탈대학로 현상과 연결되어 있다. 집에서 가까운 곳에 극장이 있다는 사실은 적어도 공연예술 종사자들에게는 아주 멋진 일이다.

월장석친구들의 구성원인 '토스'는 이곳을 '제작극장'이라고 말한다. 그는 일상의 생활권 안에서 창작과 공연이 가능하다는 것이 연극배우인 자신에게 큰 의미가 있다고 했다. 오디션을 보고 평가를 통해 역할을 배정받아 수동적인 과정으로 연습하고 관객을 만나 왔던 기존의 방식과 달리 이곳에서 훨씬 능동적인 방식으로 창작과 공연을 할 수 있어 좋다고. 이 과정에서 끊임없이 학습거리가 만들어진다면서, 기존의 방식이 정글에서의 생존게임이었다면 이곳에는 안전한 울타리가 있다고 했다. 몇 년 전, 공탁에서도 공동으로 탐구할 거리가 없으면 커뮤니티가 지속되기 어렵다는 말이 오갔었다.

2년 동안 천장산우화극장의 매니저로서 극장의 살림을 꾸려 온 연극배우 공하성은 극장을 둘러싼 다양한 경험을 통해 배우로서, 창작자로서 성숙해지고 있다고, 극장을 운영하고 관리하는 경험 덕분에 배우 외에도 자신이 할 수 있는 일이 더 많아진 것 같다고 말했다.

이왕 얘기가 나온 김에, 월장석친구들 구성원들에게 천장산우화극장이 어떤 의미인지 물어보았다. 도서관 이용자로서 월장석친구들과 만난 김서진 연출가는 마치 속아서 결혼한 며느리의 한탄처럼 "도시에서 공동체라니, 허울일 뿐이야" 하며 피식 웃었다고 한다. 도시에서는 가당치 않은 일이라고 생각했단다. 그러나 그녀는 그 실체를 직접 경험하거나 느껴보기 전까지는 알 수 없다며, 이

극장이 자신에게는 운명공동체의 모습이기 때문에 이렇다 저렇다 평가하기보다는 지속적으로 가꾸어 가야 한다고 했다.

아이를 키우며 창작 활동을 지속하고 있는 김미란은 이렇게 말한다. "연출, 배우, 창작자로서 본인의 가치를 실험하고 확인할 수 있는 곳이다. 다만 창작자로서의 삶을 지속할 수 있을지 여전히 고민하게 만드는 공간이기도 하다." 그는 이곳에서 딸아이가 삼촌, 이모들의 연기를 보며 타인의 감정을 공감하는 능력을 키우고 엄마 아빠가 창작하는 모습도 볼 수 있어서 좋다며, 이곳은 가족 모두가 함께 성장하는 공간이라고 했다. 공연 문화를 먼저 접해 본 이 아이는 요즘 또래 친구들에게 자신이 경험한 공연 이야기를 들려준다고 한다.

월장석친구들 중에는 공연예술 관련자만 있는 게 아니다. 요리를 하는 사람도 있고, 사서도 있고, 기획자도 있고, 그림을 그리는 사람도 있고, 학생도 있고 직장인도 있다. 이들에게 극장은 삶에 대한 정보를 나눌 수 있는 광장과도 같은 곳이다.

가까이에서 항상 친구처럼 존재하는 뒷동산 천장산天藏山은 우리에게 많은 영감을 주었다. 하늘이 숨겨 놓아서 다행이지, 주택난이니 일자리니 하면서 개발이라도 했으면 어쩔 뻔 했나. 그 정도 일은 워낙 쉽게 해 버리는 인간들이. 아무튼 동네에서 모인 우리들은 아주 일상적으로 창작 환경을 만들어 나갔다. 돈이 없을지는 몰라도 든든한 동료들과 창작, 발표, 제작 공간 그리고 도서관의 사서들과 책, 천장산의 자연생태계, 마을이라는 함축된 세계 속에서 우군을 만났다. 치열한 논쟁과 지난한 절차는 덤이다. 우리의 결정에 힘을 부여하기 위해서는 느리고 지루한 것들도 견딜 만했다.

반쪼가리의 삶

우리는 인간의 어리석은 행동은 동물에 빗대어서 비웃고, 인간의 광기 어린 행동은 신화에 빗대어 정당화한다. 어쩐지 불공평하다고 생각되지 않는가. 우리 집 강아지 숙희가 들으면 참 서운해 할 일이다. 인간이 지구에 끼친 민폐를 동물들에게 떠넘길 생각인 걸까. 이런 오해 때문에 오늘날에는 우화에서 시대착오적인 뉘앙스가 풍기는 건지도 모르겠다.

그러나 우리가 고전을 통해 배운 우화의 본질은 이렇다. '인간은 불편한 진실을 곧이곧대로 이야기하면 불편해 하지만 거짓을 통해 진실을 얘기하면 좋아한다.' 그러니 진실을 이야기하고 싶다면 좀 더 공을 들여 그럴싸한 거짓으로 꾸며서 말해야 한다는 의미이기도 하다. 즉 우리가 우화라는 기법을 다시 소환하게 된 동기는 비유에 대한 갈망에서였다. 극장은 '거짓'을 꾸미기에 적합한 공간이다. 단, 거짓을 꾸미기 이전에 먼저 진실을 들여다볼 줄 알아야 한다.

언젠가 월장석친구들 중 한 명이 이탈로 칼비노의 소설 『반쪼가리 자작』을 내게 건네주었다. 소설 속에서 전쟁에 참전한 메다르도 자작은 대포를 맞고 몸이 산산조각 나고 만다. 다행인지 불행인지, 몸의 반쪽은 온전하게 남아 있다. 야전병원 의사들은 자작의 몸을 이리저리 꿰매어 반쪽짜리 인간으로 살려 낸다. 그리고 자작은 반쪽의 몸을 갖고 고향으로 돌아온다. 하지만 '악한' 반쪽만 남은 그는 온갖 악행을 저질러 마을사람들을 두려움과 공포에 떨게 한다. 그러던 어느 날, 자작의 '선한' 반쪽이 돌아오고 사람들은 극도의 선과 악 사이에서 혼란에 빠진다. 오로지 악하거나 오로지 선하기만 한 반쪽의 자작들을 통해 저자는 선악의 구분이 모호해진 이 세상에서 실은 누구나 불완전한 존재이며, 그 불완전한 모습이야말로 인간적임을 역설한다.

반쪽만 남은 자작의 불완전한 몸을 상상하게 된다. 구체적인 모습이 떠오르는 건 아니지만 왠지 그런 모습들을 여기 '월장석친구들'에게서 발견하곤 한다. 물론 칼비노의 소설에서처럼 선과 악의 모습을 발견했다고 말하는 건 아니다. 그리고 월장석친구들 개개인의 능력치를 두고 '반쪼가리'라고 표현하는 것도 아니다. 나는 그들이 어떤 이슈에 직면했을 때 보이는 대응 방식에서 '불완전함'을 발견한다. 그리고 상황에 맞는 대처법을 찾아가는 중에 스스로가 부족하다고 느끼는 태도에서 반쪼가리의 모습을 연상한다. 사람은 모두 불완전하다.

우리는 극장보다 '월장석친구들'이라는 커뮤니티에 대한 애정이 더 강한 편이다. 모든 과정에서 그런 모습을 확인할 수 있다. 도서관 안에 있기 때문에 그로부터 완전히 독립할 수 없는 극장의 현실, 그리고 그러한 한계를 인정하고 극복해 가는 과정에서 보이는 모습 때문에 우리는 이 극장을 '커뮤니티 극장'이라고 말하게 된다. 책임과 안전에 대해서도 공동체의 일원으로서 대응하고 있다. 마치

농촌 마을의 저수지를 공동으로 관리하듯이 말이다. 극장 운영에 필요한 디테일한 전문 상식은 떨어질지 몰라도, 예술이나 인간 전반에 대한 이해는 학습으로 천천히 채우는 중이다. 지난 몇 년간 우리의 모습을 돌이켜보면 이렇게 한 다리씩 걸치고 같이 있었다. '플러스 알파', '일인 다역', '멀티 플레이어' 등 스스로를 좋은 말로 격려하지만, 좀 더 정확히 말하면 '반쪼가리들'이다.

우화 그리고

'우화' 하면 '이솝 우화'가 먼저 떠오른다. 뒤이어 생각나는 이야기들도 어쩐지 서구의 것이다. 하나씩 이야기를 좇다 보니 동양 우화에 대한 관심으로 이어졌다. 천장산우화극장이 제작하고 월장석친구들이 창작한 〈나비〉라는 공연은 동양의 우화를 찾는 과정에서 발견한 장자의 '호접몽'에서 출발, 도서관에서 영감을 받아 우리 시대 한 청년의 꿈 이야기로 전환되어 상연되었다.

도서관의 칸막이 열람실에서 경찰공무원 시험을 준비하는 취준생 S는 '손괴죄'에 해당하는 문제집을 풀다가

깜빡 잠이 든다. 잠에서 깬 S는 책상에 갈겨진 낙서들에 주목한다. S는 자신도 테이블에 낙서를 남기고 도서관 열람실을 빠져나온다. 복도를 지나 계단을 내려오던 S는 계단참의 벽에 낙서를 시작하면서 자기 자신을 둘러싼 정해진 틀, 즉 이미 만들어진 세상의 논리에 대해 의문을 제기하기에 이르고 그 틀을 만든 세상에 타격을 가한다. 결국, S가 행한 공공 기물 손괴에 해당하는 행위 때문에 경찰이 동원되고 S는 경찰과 대면한다.

　이 공연은 실시간 동영상을 이용하여 영상 속의 사건과 현실에서 실제로 벌어지는 일이 중첩되어 그려진다. 즉, 실제의 성북정보도서관 열람실과 천장산우화극장이 있는 지하가 극의 배경이자 공연장소인 셈이다. 공연이 진행되는 동안, 관객은 극장에서 스크린을 통해 도서관 5층 열람실에서부터 일탈행위를 하며 계단을 따라 지하로 내려오는 인물을 목격한다. 극장 밖 로비에서 들려오는 미세한 소음이 스크린 안의 인물의 행동과 일치한다는 사실을 눈치챌 즈음, 마침내 극장의 문이 열리고 영상 속 인물과 똑같은 실제 인물이 극장 안으로 걸어 들어온다.

　여전히 스크린의 화면과 실제 인물, 즉 배우의 행동은 일치한다. 관객과 배우 모두 이 상황을 의아해하고 있

블랙박스 형태의 가변형 구조로
관객과의 소통을 높인 천장산우화극장

는 사이, 신고를 받고 출동한 경찰이 랜턴을 들고 극장 안으로 들어온다. 공공 기물을 손괴한 인물, 즉 배우는 급히 몸을 숨겨 버리고, 극장 안에서 뜻밖의 관객들과 마주한 경찰은 순간 당황하지만, 상황을 설명하고 관객들을 질서정연하게 문밖으로 내보내며 검문을 한다. 관객들은 극장 문을 나서면서 들어갈 때는 보이지 않던 거대한 낙서를 목격하게 된다.

공연 전후의 상황을 상상해 보자. 우선 벌어질 모든 일에 대해 도서관과 협의를 해야 한다. 대형 그래피티가 그려질 지하의 큰 벽은 공연 후 원상복구를 약속했다. 그 진행 과정에서 우리는 벽을 다른 색으로 바꾸자는 추가 제안을 했다. 이미 도서관 지하는 극장, 식당, 스튜디오, 공방을 갖추면서 벽에 새로운 색을 입혀 왔던 경험이 있던 터라, 싸늘한 병원 같은 지하의 분위기를 좀 더 산뜻하게 바꾸고 싶었던 것이다.

하지만 시설 관리와 책임을 맡은 행정의 입장을 고려하지 않은 제안이었음을 나중에서야 스스로 인정하게 되었다. 어쩌면 추가 제안 자체가 약속 위반에 해당하는 것이었을지도 모른다. 결국 도서관은 우리의 의견을 받아들였지만 일탈과 같은 공연이 성공적으로 끝났고, 이후 상호협력 하에 원하는 색상으로 다시 벽을 바꾸었음에도 여전히 찜찜함이 남았다. 공연이 끝나고 약속한 기한 내에 페인트칠을 마무리하지 못한 것이 찜찜함의 한 이유였지만, 그보다 더 중요한 가치 하나를 간과했다는 생각이 가시지를 않았다.

어쩌면, 공공 도서관에서 이런 공연이 성사된 것 자체가 기적에 가까울 것이다. 엄밀히 말해 이 공연에서 상호협력은 이루어지지 않았다. 도서관 측의 일방적인 양보만 있었던 건 아닐까? 도서관과 협력해야 하는 관계가 아니라 도서관을 바꿔야 할 대상으로만 생각했던 건 아닐까? 최근 공탁의 동료로부터 직접적인 질문을 받았다. '공동의 목표와 합의는 있는가?' 뼈를 때리는 질문이다. 다행히 이 모든 것은 현재진행형이다.

짓는 일과 사는 일, 노는 일

성공한 친척이 자랑하듯 했던 말이 있다. "태어나서 집 한 채는 지어 봐야지." 이 말을 공연예술가들에게 적용하면 "공연하는 사람이 극장 하나는 지어 봐야지"가 되지

않을까? 극장 하나를 짓는다는 건 예술가로서 큰 꿈 하나
를 이룬 것이다.

　　요즘 나는 유튜브에서 집 짓는 동영상을 자주 본다.
마치 대리만족이라도 하듯이. 영상 속의 한 남자가 사람
의 발이 닿지 않는 대자연에서 혼자 땅을 파고 나무를 베
어 집을 짓고 살아가는 모습을 관찰하며 쾌감을 느낀다.
집을 짓는 사이사이 비가 오고 눈이 오고 계절이 바뀌며
시간이 흐른다. 남자의 숙련된 솜씨로 집은 점점 모양새
를 갖추고 견고해진다. 세련된 영상편집 기술로 인해 남
자의 노고가 잘 드러나지는 않는다. 남자는 틈틈이 여가
생활을 즐기기도 한다. 아니, 꽤 많은 시간 유유자적한다.
그 사이 집은 장식적인 멋을 더해 점점 예술적으로 바뀌
어 간다. 의식주를 해결하는 방식 또한 절제미가 더해져
그 행위들을 보고 있으면, 마치 한 예술가의 군더더기 없
는 예술 프로젝트를 연상케 한다.

　　30여 분 가량으로 편집된 이 영상을 실제 시간으로
늘려 놓으면 아마도 3~4년 동안 극한의 환경에서 살아남
기 위한 생존게임일 것이다. 지금 우리가 놓인 환경과 그
다지 다르지 않다. 우리는 지금 증명되지 않은 길을 꾸역
꾸역 걸어가고 있는 중이다. 이 과정에서 우리가 표명해

야 하는 가치는 '슬로우'뿐이다. 시간은 우리에게 권위를
쥐어 주고, 시행착오를 줄여 준다. 카프카는 인간이기에
갖게 되는 두 가지 원죄가 있다고 했다.

"다른 모든 죄들은 이들로부터 파생되는데, 그건 바로
성급함과 태만함이다. 인간은 성급함 때문에 낙원에서
추방되었고, 태만함 때문에 낙원으로 돌아가지 못한다.
그러나 그 원죄는 어쩌면 오직 하나일지도 모른다. 그건
성급함이다. 성급함 때문에 인간은 낙원에서 추방되었
고, 성급함 때문에 그들은 낙원으로 돌아가지 못한다."

벌목을 하다가 계곡에 가서 놀아. 배가 고프면 낚시
를 해서 물고기 잡아서 구워 먹어. 지반을 다지기 위해 떼
잔디를 심다가 정원을 꾸미고, 자연스럽게 지반이 다져
지면 꽃이 피지. 꽃을 감상하다가 벌을 발견하고, 꿀을 따
먹고 양봉을 시작해. 어느덧 잎이 붉게 물들어 낙엽이 떨
어지고, 찬바람이 불어오면 단열 작업을 하다가 벽에 어
울리는 색상을 궁리하고 벽에 색을 입혀 그 분위기를 즐
겨. 눈이 오면 눈을 쓸다 말고 썰매를 만들어 타고 놀기도
해. 다시 봄이 오면 동쪽으로 창문을 내고 볕이 좋은 곳에

씨앗을 뿌려. 이렇게 고단함과 즐거움이 계속 반복되면서 자신도 예상 못한 꿈같은 집이 완성되어 가는 거야. 짓는 일과 사는 일과 노는 일을 구분할 필요는 없어. 다 같아.

4장

직접 설계하는
마을축제의 힘

성북 세계음식축제
누리마실

김지희(지니야)

글 쓰고 그림 그리는 동네작가이자 지역 기반
문화기획자이다. 2015년부터 지역협치축제 기획을
동네친구들과 함께 실행했고 최근에는 문화다양성을
기반으로 한 지역 예술 콘텐츠를 제작하고 있다.

축제라는 드라마의
마지막 장

축제 전날 저녁, 10미터에 이르는 거대한 테이블을 분수마루에 올려 놓고 무대 삼아 그 위에서 리허설 중인 〈여우와 두루미-만찬〉 공연 팀에게로 발걸음을 옮겼다. 〈여우와 두루미-만찬〉은 배우 세 명이 들어가 움직이는 거대한 퍼펫인형과 시민극단이 함께 등장하는 축제 개막 공연작이다.

'너도 참 고생이 많다'는 눈짓 하나만으로도 위로가 될 만큼, 감추기 힘든 노곤함이 모두의 표정에 배어 있다. 2주 전부터 '포기했다'던 공연 총괄 팀장은 현장에 눈을 부라리며 서 있다. 모든 공연이 소중하지만 4백 미터에 이르는 축제 공간을 훑으며 개막식까지 연결되는 공연인지라 신경을 안 쓰려 해도 안 쓸 수가 없다. 연습 시간이 절대적으로 부족한 걸 알기에 다들 표정 관리가 쉽지 않다.

리허설 첫 턴을 도는 순간 벌써 문제가 발생했다. 여우와 두루미가 무대 위로 올라가야 하는데 계단이 한쪽밖에 없다. 여우와 두루미 각각 세 명의 배우가 하나의 인형을 뒤집어쓰고 있는 터라 훌쩍 뛰어오르기엔 무대가 높다. 어떡하지? 동선동 예술마을 만들기 워킹그룹인 '아름다운 미아리고개 친구들'에게 큐브 박스를 빌려오기로 했다. 친하다고는 해도 민폐인 밤 10시가 넘은 시각, 동네친구들에게 전화를 걸어 큐브 박스를 건네 받아선 겨우 세팅을 완료했다.

드디어 축제 당일, 입구에서부터 브라질 악기 바투카다를 선두로 거대한 인형과 테이블이 밀려온다. 관람객들이 흥에 넘쳐 테이블을 밀자 분위기에 도취된 배우들의 리액션과 춤이 곁들여졌고, 공연 러닝타임도 늘어나기 시작했다. 공연을 해야 할 공간마저 관람객들로 가득 찬 상태였다. 분주히 관객들을 정리하여 무대를 다시 확보하

누리마실에서 사람들에게 큰 호응을
얻은 <여우와 두루미-만찬> 개막 공연

고, 동선을 만들고, 테이블을 들여 놓고. 여우와 두루미가 등장했지만, 큐 사인은 여전히 맞지 않았다. 공연 스태프들의 무전기 너머 세상은 이미 전쟁터다. 이 카오스의 한 가운데서 동네친구 두세 명이 유유자적 곁으로 다가와 말을 건다.

"저 테이블이 남북정상회담과 북미정상회담을 상징하는 거야? 공연 완전 좋은데!"

우화인 만큼 전달과 표현 방식이 비유적이고 우회적인 이 공연에서 정상회담을 떠올린 동네친구들이 대단하다 싶었다. 그리고 실제로 공연은 놀랍게도 훌륭했다.

함께 만들어 가는 축제

대사관저가 많은 성북구에서는 2008년 5월 문화다양성의 날을 기념하여 '성북다문화음식축제'를 개최했다. 행사업체를 선정해 외국인 K-POP 경연대회, 세계 놀이문화 체험, 화채 퍼포먼스, 특산품 판매 등 다문화에 특화된 프로그램들을 운영했다. 그러다가 2012년 성북문화재단 설립 후 관련 업무를 이관해 2013년부터는 축제 이름을 '성북 세계음식축제 누리마실'로 변경하기에 이른다. 그 과정에서 지역주민들이 주체가 되어 '누리마실 친구들'이란 단체를 만들고, 축제를 재단과 공동으로 주관하게 되었다. 그리고 결정적으로, 2014년 공유성북원탁회의가 등장하면서 민관 협력형 협치 축제의 면모를 강화하는 데 큰 기여를 하기에 이르렀다.

이때부터 축제는 본격적으로 민관 공동 사업단을 구성하여 기획부터 마무리까지 모든 과정을 함께 운영하는 구조를 갖춘다. 2016년에는 참여하던 지역주민 일부가 주축이 되어 '문화다양성'을 주제로 한 문화기획을 목적으로 민관 협치형 협동조합 '누리마실친구들'(이후 협동조합 '문화변압기'로 변경)을 출범시키는 성과를 이뤄 낸다. 이후 시각장애인의 놀이 문화, 동네 커뮤니티와 시민단체가 함께하는 친환경 캠페인, 청년 가게 등 여러 문화기획이 어우러지며 축제가 지향하는 문화다양성의 영역이 점차 확대되는 추세다.

성북 세계음식축제 누리마실은 보통 5월 문화다양성 주간에 열리는데, 관심이 있는 이들이라면 누구나 참여할 수 있도록, 늦어도 2~3월 중에 회의 일정을 공개한다. 공동 창작이 가능한 개인과 팀이 추려지면, 함께하기 어려워진 개인과 팀은 별도 공연으로 참가할지 또는 지역의 다른 팀들 중에 섭외할 여지가 있는지 등을 함께 논의한다.

사실 하나의 공연을 짧은 기간 안에 창작하는 것도 어렵지만, 개별 극단이나 공연팀 단위도 아닌 여러 주체들이 섞여 공동 창작을 하는 것 역시 어느 하나 쉬운 일이 없다. 대부분의 공연 팀들이 이런 방식에 익숙하지 않기 때문에 분위기에 적응하지 못하는 팀들은 자연스레 회의에 불참하기도 한다.

이런 작업을 몇 해 동안 하다 보니 몇 가지 유의미한 사실을 발견할 수 있었다. 우선 개별 팀으로는 메꾸기 어려운 거대한 야외 규모의 공연을 채울 수 있는 자원이 풍부했다. 덕분에 새로운 걸 꿈꿀 수 있는 여지가 확장되었다. 지역 내에서 짧게는 일주일에 한 번, 길게는 한 달에 한 번 정도 공탁 활동을 하느라 구성원들과 자주 만나다 보니 극단이나 개별 팀의 경계를 넘어 협력하는 데 점점 익숙해졌다.

두 번째로 지역의 시민 극단, 청소년 극단, 청년 밴드 등과 함께 결과물을 더욱 풍성하게 만들 수 있다는 인식이 가능해졌다. 실제로 〈여우와 두루미-만찬〉 공연에는 공탁의 예술마을 만들기 커뮤니티인 '월장석친구들'과 함께 미아리고개 시민극단, 돌곶이청소년 연극부 등 다양한 지역 주체들이 참여했다.

세 번째, 지역사회 안에서의 이러한 노력과 시도가 긍정적인 주목과 평가를 받아 외부 공연 페스티벌이나 행사 초청 및 섭외가 들어왔다. 덕분에 누리마실을 위해 창작한 작품이 일회성으로 끝나지 않고 계속 업그레이드되어 다른 지역에 소개되는 효과를 누렸다. 〈여우와 두루미-만찬〉은 2018년 축제 누리마실 이후 2019년 성북의 여러 지역은 물론 서울 대학로와 마포, 광주, 인천 대청도에 이르기까지 다양한 지역에서 공연을 이어갔다.

축제 자원을 '공유'하다

2019년, 성북 세계음식축제인 누리마실이 끝난 직후 '정릉더하기축제'를 주관하는 '정릉축제재밌당'에서 연락이 왔다. 누리마실 행사 때 제작한 야외 가림막을 빌리고 싶다고 했다. 대개 축제가 끝나면 각종 축제 물품을 보관할 곳이 없어서 버리는 경우가 많았는데, 다행히도 가림막은 접을 수도 있고 부피가 적어 아직 보관 중이었다. 축제 당일 정릉 교통광장에는 누리마실 축제에서 썼던 가림막, 성북문화재단이 지난해 구입한 아트 부스와 우유박스, 정릉종합사회복지관에서 빌려온 물품 등이 총출동해 있었다. 얼추 봐도 광역축제인 성북 세계음식축제 누리마실보다 곳곳에서 빌려온 물품이 훨씬 많았다.

지역의 여러 기관과 개인이 참여해 서로의 축제를 관람하는 과정에서 질문과 답변들이 서서히 늘었다. 그러다 보니 함께 모여 교류할 수 있는 장이 필요하다는 의견이 나왔고, 2017년 몇몇 동네친구들은 축제 거버넌스 회의를 열었다. 같은 해 열린 성북축제거버넌스 포럼에서는 보다 확대된 축제 네트워크에 대한 요구가 수면 위로 떠올랐고, 2018년 축제협력네트워크를 통해 다양한 지역축제 실무자들이 모였다.

각자 축제에 대한 경험과 조언을 나누면서 자연스레 필요한 사람, 물품, 정보 등을 서로 공유했다. 잘 모르던 지역의 공연 팀을 알게 되고, 주민 조직들의 특기를 축제와 연관 지으며 새로 제작된 설치물이나 물품도 눈여겨보게 되었다. 공식 집계로 성북 지역에서만 40여 회가 넘는 축제가 열리는 만큼, 서로 자원을 빌리는 횟수가 점차 증가했다.

　이런 흐름 속에서 성북축제협력네트워크는 지역축제 자원 보관과 공유의 방식을 고민했고, 2019년 '축제 공유창고'라는 온라인 사이트를 기획했다. 이 사이트에 공간, 물품, 공연, 프로그램을 분류해 놓아 지역축제에 필요한 자원 정보를 열람하고 자원이 있는 그룹이나 개인은 직접 정보를 등록할 수 있게 했다. 사이트를 기획하면서 은평공유센터를 탐방한 덕분에 지역의 물리적 자원을 어떤 방식으로 보관할지도 고민이 깊어졌다. 지역축제가 주민 참여를 넘어 주민 주도로 넘어가면서 안정화될수록 축제 기반 조성에 대한 공공의 이해와 구현이 절실해진다.

10월의 대화_축제가 뭘까

A: 올해도 고생했다. 축제는 잘 끝났나?

B: 다양한 사람들을 모아서 나름 많은 변화를 만들었다고 생각했는데 몇몇 주민들이 예전보다 못했다는 평을 해서 난감했어.

A: 그랬구나, 고생이 많았다.

B: 너는 어땠어?

A: 난 벌써 3년째잖아. 처음 성북에 왔을 때는 '주민과 함께하는 축제, 예술가들이 함께 만들어 가는 축제' 개념도 없었는데, 공유성북원탁회의 5년 동안 꽤 변했지. 그런데 어르신들이 많아서 그런가 축제 마무리로 트로트 틀어 놓고 의자를 치우기 시작하더니 춤추시더라. 즐거워하시는 걸 보면 그냥 원하는 거 하는 게 축제다 싶기도 하고….

B: 확실히 축제라는 이름으로 한 공간에 모여 공동의 경험을 한다는 게 가장 좋을 것 같아. 작년에 초등학생들이 떼로 와서는 공간을 찾아서 같이 노는 모습이 참 보기 좋았어.

A: 우린 작년부터 공연무대 객석을 길고 좁게 세팅해야 했는데, 의전 때문에 앞좌석을 비워 놓았었잖아. 주민들이 뒤에서 관람하게 되니까 좀 안타까웠는데 그래도 올해는 나아지더라.

B: 힘들긴 해도 축제 없어진다 하면 다들 안타까워하겠지? 그런 마음이 들어야 좋은 축제지. 이 축제는 확실히 그동안 내가 경험했던 것과는 전혀 달랐어. 기존 지역축제의 현실을 잘 알게 된 것 같아. 그리고 나름 변화를

위해 이것저것 시도했던 노력도 의미가 있었다고 생각해.

A: 솔직히 동네마다 비슷한 느낌이 들긴 하지만 동네의 고유한 특색으로 축제를 만들자는 의지는 계속 공유되더라고. 그런데 항상 MP(총괄책임)라 정신없이 보내다 보니 한 번도 제대로 못 즐겼어. 내년엔 너희 축제에도 놀러 갈게.

마을의 청소년들에게 축제의 경험을 물었더니 대부분 차 타고 멀리 가서 무언가를 보거나 듣거나 먹은 경험을 이야기했다. 꽤 많은 사람들에게 축제란 어딘가 낯선 곳에서 색다른 경험을 하는 장으로 인식되고 있다. 이는 축제가 일상을 비일상으로 전환하는 중요한 매개물 중 하나임을 무의식적으로 인지하고 있다는 방증이기도 하다.

오늘날 많은 지역축제들이 지역 특산물을 홍보하고 판매하는 장마당처럼 운용되고 있다. 몽골 텐트나 캐노피 천막이 나란히 서 있고, 부스별로 다양한 체험 코스나 물품 판매가 이루어지는 경우가 대부분이다. 다른 지역에서 찾아간 사람들에게는 비일상의 경험일 수 있겠지만 축제에 참여하는 지역민들에게는 일상의 연장에 가깝다.

지역경제 활성화를 위해 기획되는 축제들의 경우

이 한계를 벗어나기가 쉽지 않다. 대부분 관 주도로 기획 운영되는 것도 그 때문이다. 지역주민들이 주체적으로 기획하고 운영할 수 있는 여지를 넓힐 필요가 있다. 주민들에게도 말 그대로 축제가 될 수 있으려면 어떤 변화가 필요할까?

기획 단계에서부터 마을주민들이 함께 참여하여 지역 커뮤니티와 함께하는 다양한 프로그램을 기획하고, 마을에서 준비한 시설물을 설치하고, 지역 예술가와 주민 예술가가 함께하는 공연을 올림으로써 지역성을 살리는 차별화된 축제를 만들 수 있다. 그러자면 기존의 축제 기획자들이 변화를 기꺼이 수용하는 자세가 전제되어야 한다. 하지만 해가 가면서 축제의 운영 방식이 굳어지면 운영 주체 중에는 새로운 변화에 거부감을 보이는 사람들이 나타나기 마련이다. 때로는 축제의 의미와 관계없이 구태의연한 노래자랑이나 경품행사에 주력하면서 변화의 목소리에 귀를 막는 사람들도 있다. 그 과정에서 소통에 장벽을 느낀 청년들이나 예술가들이 힘겨운 의사결정 과정에 지쳐 이탈하기도 한다.

사실 아름다운 축제는 한결같아도 변화무쌍해도 상관없다. 중요한 건 축제를 매개로 마을이 살아나고 사람들 사이에 신뢰가 쌓이는 것이다. 어떤 축제든 주최하는 마을사람들이 자신들의 축제로 받아들이고 준비 과정에 정성을 쏟으면서 함께 어우러지는 기쁨을 느낄 수 있다면 그것이야말로 진정 성공적인 축제일 것이다.

진정한 마을축제가 되려면

그동안 대부분의 지자체에서 주로 관이 축제를 주도하다 보니 주민들은 누군가 다 차려 놓은 축제를 그저 바라보는 역할에 머물곤 했다. 이러한 환경 속에서 성북에서는 2015년부터 축제를 둘러싼 민관 거버넌스가 활발해지면서, 민관 협력사업단을 구성하고 민간이 주도하는 마을 축제에도 민민 협치를 확대하기 시작했다.

2017년 성북축제거버넌스 포럼, 2018년 성북축제학교, 성북축제협력네트워크는 함께 일하고 살고 노는 '축제'의 가치를 공유한 사람들의 학습 의지에서 비롯되었다. 이 의지는 개개인들에게 영향을 미쳤을 뿐 아니라 지역축제가 활발히 운영되기 위한 기반을 조성하는 데도 기여했다.

제11회 성북 세계음식축제 누리마실
퍼레이드가 진행되고 있다.

이런 분위기 속에서 2017년 지방선거를 맞아 축제 관련 문화정책이 큰 틀에서 정리되었고, 2018년에는 축제 네트워크 활동을 통해 단위 축제에 머무르지 않고 지역 축제를 준비하는 이들끼리 서로를 인지하는 계기를 마련했다. 그리고 2019년에는 서로의 자원을 나누기 위한 '축제 자원 공유'까지 고민을 확장했다.

성북의 거버넌스 축제가 구축한 성과가 있다면 그것은 민과 관이 함께 정해진 틀을 부숴 나가는 과정 그 자체였다. 그리고 단순히 사람들을 끌어들이는 이벤트가 아니라 지역주민 스스로 축제의 가치와 의미를 묻고 답하는 과정을 경험했다는 점이다. 이는 꽤 근사한 지역축제 거버넌스의 방향이지만, 구와 중간지원조직, 민간이라는 3주체가 서로 명확하고 원활한 소통을 하지 못하면 사실상 목표를 이루기 어려운 구조이기도 하다.

최근 협치 사업의 중요성에 대한 인식이 높아지는 시대적 흐름을 타고 몇몇 지자체에서 마을자치형 축제를 위해 주민 교육을 진행하고, 자발적인 축제 기획안을 제출하도록 유도하고, 스스로 실무를 집행하도록 지원하는 시도를 하는 중이다. 일련의 사업은 꽤나 구체적이고 주민의 의지를 독려하도록 설계되어 있다.

하지만 '실무에 서툴고 수동적으로 움직이는 주민'이라는 선입견으로 인해 미리 정해진 규칙들이 많고 따라서 주민이 기획할 수 있는 범위가 축소될 수밖에 없는 양상을 보인다. 협력 경험의 부족에서 기인하는 신뢰의 부재, 상생이 아닌 허점 발견식의 검증적 시선이 낳은 결과일 것이다.

현재 우리는 민관 협치를 이루는 데 바탕이 되는 상호 신뢰 관계를 구축해 가는 오묘한 과정을 거치고 있는지도 모른다. 마을로 통칭되는 일터이자 삶터에서 축제는 단순히 참여하기에도, 기획하고 운영하기에도, 그리고 공동체가 함께 움직이며 뭔가를 성취하기에도 꽤 괜찮은 놀이터다. 민간이 중심이 되었을 때 민관 협치 사업들의 지속가능성이 높아지는 현상을 민도 관도 인지하고 있기에 축제라는 놀이터에 대한 민관 협치 실험은 다년간 계속될 것이다.

보다 적극적인 민관 협치 축제가 가능하려면 축제 이전에 서로 신뢰를 쌓을 수 있는 협력의 경험을 어떻게 만들 것인지를 먼저 논의해야 한다. 그 경험의 일부가 축제로 자연스럽게 발현될 수 있도록 보다 장기적이고 넓은 관점에서 접근할 필요가 있다. 주민 자치와 민관 거버넌스 환경을 조성하는 데 공을 들이는 과정은 축제 준비 과정만큼이나 중요하다.

지방자치와 더불어 급증한 지역축제들은 지자체장들의 시혜적 관점에서 세팅된 산물이 대부분이며, 최근 추진되고 있는 주민자치형 축제는 기존 축제와는 별도로 아주 적은 예산을 들여 실험 중이다. 축제란 정해진 틀이 없으며, 마을사람들이 진정으로 원할 경우에만 그 의미가 살아난다. 따라서 마을사람들에게 스스로 원하는 축제를 만들고 불필요한 축제를 없앨 수 있는 권리가 주어져야 한다. 성북 역시 그동안 단위 축제를 넘어서는 축제 기반을 조성하기 위해 들인 시간과 노력 못지않게 앞으로 지속 가능한 민관 협치 운영체계를 만들어 가기 위해 더욱 세심한 노력을 기울여야 할 때다.

2부

마을민주주의를
실험하다

공탁을 '동네 안에서 함께 시간을 보내는 곳'이라 말할 수 있을지도 모르겠다. 회의 시간에 종종 안건과 다른 이야기를 하더라도 그 사람을 더 잘 알 수 있는 시간이 되는 곳, 그렇게 서로를 더 잘 알아 가며 함께 재미있게 활동하고 생존할 수 있게 만드는 곳이 공탁이었다. 함께하는 효율적이지 못한 긴 시간이 서로를 단단하게 만들고 포용할 수 있게 만들어 왔으며, 또 힘들고 지칠 때 서로 기댈 수 있는 친구들로 만들어 주었음을 새삼 느낄 수 있었다.

'예술마을 만들기'란

질문에 답하기

예술마을 만들기
5년의 기록

하장호(하마귀)

협동조합 고개엔마을 이사장. 지역 활동에 정책연구까지
온갖 종류의 일에 참견하고 있는 문화기획자. 호혜적 삶의
가능성에 관심을 갖고, 예술노동과 지역문화의 영역에서
다양한 실천을 기획하고 있다.

화요일 저녁

'수다 모임' 풍경

매주 화요일 저녁 7시가 되면 반가운 얼굴들이 지하 소굴에 모여든다. '아름다운 미아리고개 친구들'(이하 아미고)이 모이는 날이다('정기모임'이라 쓰고 '수다회'라 읽는다).

살림꾼 '미냉'은 친구들의 기분까지도 생각해 그날의 먹을거리를 준비하고, 아미고의 막내이면서 최고참 '흘연'과 '실리콘'이 학교를 마치고 나타난다. 슬슬 지하 소굴이 시끄러워지고 주문한 음식이 도착하면 아미고 모임에 와서 든든한 한 끼를 챙기는 '인규'가 배고프다며 나타나고, 무거운 카메라 가방을 짊어지고 나타난 '동명'은 간식으로 크리스피 도넛을 시킨다. 늘 웃는 얼굴의 '라우'는 어느새 테이블에 앉아 있고, 미아리고개의 뉴페이스지만 언제부턴가 터줏대감이 되어버린 '츄'가 젓가락을 들면 비로소 본격적인 수다와 식사가 시작된다. 모두의 식사가 마무리될 때쯤이면 아이들의 밥을 챙겨주고 뒤늦게 '박과장'이 소굴의 계단을 내려오고, 아미고의 최강 허언쟁이 '지랭'이 환하게 웃으며 '박과장'을 반긴다. 이렇게 식사 시간이자 회의 시간이면서 수다 모임이기도 한 아미고의 정기 모임은 늘 산만하고 정신없이 시작된다. 하지만 이야기는 길을 잃지 않고 각자의 이야기가 모여 아미고의 이야기가 되고 활동이 되며 미래가 된다.

먹고 마시고 이야기하고 웃고 즐기며 일하는 시간. 이제는 자연스런 일상이 된 이 소중한 순간을 만들기 위해 5년여의 세월을 오로지 '함께한다는 것의 의미'를 찾아 달려왔다. 수많은 사람들의 이야기가 켜켜이 쌓인 그 시간들이 아미고가 되었고, 우리의 출발점이었던 '예술마을'이란 꿈을 떠받치고 있다. 누군가에겐 수없이 많은 마을 활동 중의 하나일지도 모르지만, 적어도 아미고의 친구들에게 이 순간은 삶에서 가장 빛나는 순간이다. 5년의 시간이 흐르는 동안 누군가는 떠나고 남았으며 또 누군가는 찾아왔지만, 우리는 변함없이 '아미고'란 이름으로 내일을 향해 가고 있으며, 언제가 다시 찾아올 친구들을 위한 자리를 만들어 가고 있다.

의미 없어 보이는 시간들의 의미

아미고의 시작은 2015년으로 거슬러 올라간다. 서울 성북 지역의 예술가, 기획자, 주민 등이 참여하는 공탁과 성북문화재단이 함께 건강한 문화예술 생태계와 지역 활동의 새로운 플랫폼을 만들기 위해 '예술마을 만들기' 프로젝트를 시작했다. 공탁은 정릉 지역과 미아리고개 지역에 예술마을 만들기 워킹그룹을 만들어 관심 있는 예술가와 기획자들이 이 프로젝트에 참여할 수 있도록 하였고, 이때 만들어진 '미아리고개예술마을 만들기'(이하 미예마) 워킹그룹이 아미고의 모태가 되었다.

하지만 워킹그룹 활동의 시작은 그리 순탄치 않았다. 성북문화재단과의 협업을 기반으로 하고 있었지만 편성된 예산은 전혀 없었고, 수행하는 사업도 사실상 전무한 상황이었다. 첫 모임에 온 30여 명의 사람들은 이내 하나둘 떨어져 나갔고, 한 달쯤 뒤엔 10여 명만 남았다. 일단 사람들이 모이면 그 안에서 공동의 활동이나 일이 만들어질 것이라는 예상은 보기 좋게 빗나갔고, 당시 공탁 쪽에서 미예마의 코디네이터로 참여하고 있던 나와 성북문화재단의 담당자 '희왕'은 애초에 세웠던 여러 가지 계획을 백지 상태로 돌린 뒤 '아무것도 하지 않는 것'으로 미예마의 활동 목표를 수정했다.

물론 '아무것도 하지 않는다는 것'이 정말 아무것도 하지 않는 건 아니었다. 활동이나 사업에 대한 논의를 일단 배제하고, 2주에 한 번씩 모여 부담 없이 함께 놀고 이야기하며 쉴 수 있는 시간을 만드는 데 집중했다. 2015년의 미예마 활동은 함께 모여 도시락을 먹거나, 동네 산책을 하거나, 옥상파티 등을 하면서 곁에 있는 사람들을 들여다보고, 마을과 친해지기 위한 시간으로 온전히 썼다. 동네를 산책하다 사람들이 버린 기린 인형을 '구출'해서는 마치 퍼레이드라도 하듯 골목길을 걷고, 옥상 쉼터에서 성북천을 따라 거니는 사람들을 바라보면서 각자의 이야기와 고민을 나누는 동안 사람들은 조금씩 변하기 시작했다. 이 의미 없어 보이는 시간들이 차곡차곡 쌓여, 이후 미예마만의 색깔로 드러나기 시작했다.

미예마 활동에 참여해 온 친구들과 좀 더 일에 집중하기 위해 '고개엔마을'이란 이름으로 협동조합도 만들었다. 고개엔마을은 아미고 활동을 통해 지역에서 경제활동의 모델을 만들어 보려고 만든 플랫폼이다. 사업의 가짓수도 제법 늘어나 미예마를 통해 경제 활동을 하는 친구들도 생겨났다. 이 의미 없어 보이는 시간들이 없었다면 지금의 우리는 없었을지 모른다.

주민을 위하는 일이 아니라
스스로 주민이 되는 일

미예마의 활동은 2016년부터 구체화되기 시작했다. 서울시와 성북구가 진행한 미아리고개 일대 역사·문화적 가치 활용방안 연구에 미예마의 주요 구성원들이 참여하면서, 이후 미예마의 중점 활동에 대한 밑그림도 그렸다.

이 과정은 여러모로 중요한 의미를 갖는다. 기존의 지역 활동은 대개 기관에서 과업이나 사업을 제안하고 민간 주체들이 그것을 받아 실행했다면, 미아리고개에서는 그와 반대로 민간 주체들이 활동의 방향과 사업을 먼저 제시하고 중간 지원조직이 이를 구현하기 위한 구조를 만드는 방식이었다. 이 과정에서 의미 없어 보이는 시간 동안 서로 이해하고 다가갔던 관계의 힘이 작동했다. 개별 주체의 이해관계를 넘어서 지역성과 공공성에 기반한 사업모델을 제안하고, 활동 구조를 만들기 시작했다.

한편, 마을을 공부하고 사람들을 만나 이야기를 들으며 함께 토론하는 과정에서 우리는 '알게 되면 보인다'는 말의 의미를 깨닫게 되었다. '단장의 미아리고개'란 노래 속에 6·25 전쟁 당시 피난 행렬을 따라 내려왔다 돌아가지 못하고 고개 주변에 머물러 산 우리 이웃들의 한이 담겨 있다는 사실을 알게 되었고, 서울로 진입하는 길목이었기에 역사적으로 중요한 전쟁의 격전지였다는 것도 알게 되었다. 또한 미아리고개의 유명한 점집들이 시각장애인들의 끈질긴 삶의 의지와 열정으로 만들어졌다는 것도 알게 되었다. 그렇게 알게 된 마을은 그냥 물리적 공간 위에 행정 구획으로 나뉜 동네가 아니라 나와 이웃의 삶이 만나 뜨겁게 뒤엉키는 삶의 공간으로 다가왔다.

미예마 활동이 또 하나의 전환점을 맞이한 것은 2016년 말이었다. 미아리고개 연구 시범사업으로 미예마의 활동 그림을 그리면서 지역에서 네트워크를 확장하고

미아리고개 공간 소개 프로젝트 '미소활짝 미인도
축제' 진행 중 설치한 동네 이정표

새로운 주체를 발굴할 필요가 있다는 공감대가 형성되었다. 그에 따라 2016년 여름 무렵부터 미아리고개의 핵심 공간인 '미인도'의 향후 운영 방향이나 아이디어를 논의하기 위해 별도의 지역 네트워크를 조직했다. 미아리고개가 위치한 동선동 마을계획단에서 활동하고 있던 주민, 마을 코디, 통장, 그리고 미인도 공간 사용에 관심 있는 예술가, 성신여대 학생 등을 초대하였고, 모임 이름을 성신여대 학생들이 제안한 '아름다운 미아리고개 친구들'(이하 아미고)로 정했다.

하지만 모임은 '대실패'였다. 그간 공공 예술 프로젝트란 이름으로 지역에 나타났다가 프로젝트가 끝나면 바람처럼 사라지는 예술가들에게 불신을 품고 있던 지역주민들이 끝내 마음을 열지 않고 떠나자, 모임은 이내 방향을 잃고 말았다. 그런 상황에서도 몇몇 성신여대 학생들은 계속해서 모임에 참여했고, 오히려 미인도가 아니라 미예마 활동에 관심을 보이기 시작했다. 미인도를 활성화시키기 위한 모임에는 실패했지만 관심을 갖고 찾아와 준 사람들에게 최선을 다하기 위해서 미예마 친구들은 무엇을 해야 할지 고민했다. 그리고 어떤 목적을 가지고 사람들을 조직하고 계획을 세우는 일이 다른 누군가가 아니라 우리 스스로를 위한 일이어야 함을, 우리가 주민을 위해 무엇을 한다고 생각하기보다는 우리 스스로가 마을의 주민으로 살아가야 함을 생각하게 되었다.

이후 공탁에서 출발했던 미아리고개예술마을 만들기 워킹그룹과 미인도 운영을 위한 모임이었던 아미고 모임을 하나로 통합하기로 결정한 뒤 '아름다운 미아리고개 친구들'이라는 이름으로 활동을 이어가기로 했다. 워킹그룹 형태의 모임에서 미아리고개에서 살아가기 위한 마을 공동체로 새롭게 출발하는 순간이었다.

실패해도 괜찮아

2016년 시범사업으로 진행했던 '미소활짝' 축제는 2017년부터 '고개장'이란 이름의 마을장터로 이어져 이후 아미고의 대표적인 활동이 되었다. 마을장터가 단순히 물건을 사고파는 공간이 아니라 사람들이 소통하고 교감하며 문화와 예술이 자연스럽게 펼쳐지는 공간이란 점에 우리는 주목했다. 하지만 그 과정이 순탄했던 건 아니다.

2017년 첫해의 고개장은 공간 디자인부터 다양한

체험 워크숍, 음악과 아동극 공연까지 당시 아미고 구성원들의 경험을 바탕으로 준비할 수 있는 거의 모든 것들을 쏟아 부은 행사였다. 팀워크 면에서도 2016년 한 해 호흡을 맞췄던 멤버들이 대부분 남아 있었고, 준비하는 과정에서도 큰 갈등 없이 즐겁게 준비했다. 그러나 우리의 기대와는 달리 고개장을 찾는 이들이 그리 많지 않았다. 들어가는 품이 적지 않았기에 회를 거듭할수록 아미고 친구들도 지칠 수밖에 없었다.

한 해가 끝나갈 즈음 우리는 스스로 놓치고 있던 것들에 대해 다시 생각해 보게 되었다. 아미고에는 행사나 축제 기획 등에 직간접으로 참여해 본 친구들이 많다 보니 스스로 잘할 수 있는 것들을 선보이는 데 집중하느라 정작 동네 사람들이 원하는 게 무엇인지, 미아리고개라는 마을에 무엇이 필요한지를 충분히 고민하지 못했다는 결론이 몇 차례의 논의 끝에 나왔다. 우리 스스로 마을 구성원 입장에서 생각하기보다는 그동안 해 온 익숙한 방식으로 무언가를 만들어 제공하는 입장에서 생각했던 것이다. 이 과정에서 생겨나는 간극이 결국 우리를 마을 안에서 계속 타인으로 남게 하였음을 우리는 깨달았다. 또한 고개장과 같은 활동들이 성실한 노력을 통해 만들어지는 것은 좋지만, 그것이 마을에서의 일상이 되기 위해서는 우리 스스로가 지속 가능한 구조를 만들어야 한다는 점도 깨달았다. 매번 스스로를 희생하는 방식으로는 한계가 너무나도 분명해 보였다.

이러한 고민을 하다 보니 조금씩 마을이 보이기 시작했다. 미아리고개가 위치한 동선동에 공원이나 놀이터가 없다는 것도 알게 되었고, 동선동의 윗동네에 사는 젊은 이주자들과 아랫동네에 사는 오래된 주민들 사이에 보이지 않는 벽도 느낄 수 있었다.

우리는 고개장이 단지 물건을 사고파는 장터에 머물지 않고, 한 달에 한 번 마을에서 열리는 이동식 놀이터, 마을사람들의 쉼터 역할도 할 수 있게 바꾸었다. 고개장이 열리는 거점 공간인 미아리고개 고가도로 아래 '미인도'를 팝업 놀이터로 꾸몄고, 아이들과 함께할 수 있는 목공 워크숍이나 놀이 프로그램을 전면에 배치했다. 그리고 마을에서도 수준 있는 아동극 공연을 만날 수 있도록 '꼬마극장'이란 이름으로 다양한 공연을 선보였다. 준비 과정도 좀 더 단순화하고, 공간 디자인이나 배치도 고개장을 찾아온 사람들의 편의성을 중심으로 재배치했다.

고개장을 준비하며 성공과 실패의 부담을 내려놓는

미인도 앞에서 문화와 예술이
어우러지는 장터 '고개장'이 열렸다.

것이 중요함을 깨달을 수 있었다. 우리의 활동은 미아리 고개에서 마을의 구성원으로 살아가는 과정이므로, 여기에 성공이니 실패니 하는 것은 있을 수 없었다. 중요한 건 우리가 사람들과 나누기 위해 무언가를 고민하고 준비하고 있다는 것이고, 그 고민과 시간이 쌓여 우리의 삶과 일상이 곧 마을의 일상이 된다는 것을 깨닫게 되었다.

이러한 고민의 시간을 거쳐 오늘도 고개장은 이어지고 있다. 3년이란 시간을 이어 온 지금, 매번 고개장 판매자로 참여하는 단골 주민도 생겼고, 먼저 연락해 고개장 일정을 챙기는 사람들도 생겼다. 사람들이 구름처럼 모여드는 왁자지껄한 장터는 아니지만, 찾아오면 즐거운 마음으로 돌아갈 수 있는 곳이 된 것이다. 그리고 고개장을 꾸려 왔던 시간은 고스란히 아미고 친구들이 마을에서의 삶을 이어 나갈 수 있는 자양분이 되었다.

민관 협치와 협력이란

2015년, 미아리고개와 정릉에서 시작된 예술마을 만들기 워킹그룹은 해마다 하나둘씩 늘어나 2018년에는 월장석°, 성북, 장위, 석관, 월곡, 종암, 삼선 등 아홉 군데에서 예술마을 만들기 그룹이 생겨났다. 그런데 장위, 석관, 월곡, 종암 4개의 예술마을 만들기 그룹이 만들어지는 과정에서 적지 않은 갈등이 생겨났다.

'예술마을 만들기 프로젝트'는 공탁과 성북문화재단이 문화협치 관점에서 함께 설계하고 실행하는 구조로 시작되었으나, 이 4개의 예술마을 만들기 그룹에서는 그런 과정이 생략된 채 당시 성북문화재단 담당 팀의 독자적인 기획으로 구성되었다. 문화재단 담당자 입장에서는 지역의 좋은 활동 모델을 확산해 좀 더 많은 사람들이 함께할 수 있도록 한 것이지만, 그 과정에서 소통과 협치를 소홀히 한 측면이 있었다. 그리고 예술마을 만들기 활동이 자율적이고 독립적이며, 일상적이고 지속적인 활동이어야 한다는 것을 간과한 측면도 있었다.

공탁과 함께 예술마을 만들기 과정에 참여하고 있던 주체들은 예술마을 만들기 활동의 의미를 다시 확인하고, 좀 더 넓은 협치의 틀이 필요하다는 의견을 제시하였다. 그간 개별적인 예술마을 만들기 그룹과 성북문화재단

°   '월장석'은 성북정보도서관을 중심으로 월곡, 장위, 석관 지역을 포괄하는 거점 모임의 성격을 갖고 출범했으나 이후 해당 지역에 예술마을 워킹그룹이 개별로 만들어짐에 따라 도서관을 거점으로 새로운 형식과 문화, 실험들을 위한 워킹그룹으로 그 성격이 변화한다.

이 만들어 온 협치 구조를 좀 더 통합적으로 구축하자는 것이었다. 그리고 이는 2018년 '예술마을 연석회의'라는 형태로 구체화되었다.

예술마을 연석회의는 단순하지만 중요한 역할을 하고 있다. 각 예술마을 그룹의 활동과 자원들을 공유하고, 각 활동을 바탕으로 성북문화재단의 예술마을 만들기 관련 예산을 조정하며, 개별 마을의 활동을 넘어 공통의 활동과 기획들을 꾸려 가고 있다. 얼핏 보기에 단순해 보이는 이 역할이 중요한 이유는, 이것들이 최근 그 중요성이 더욱 강조되는 '협치'의 핵심 요소들이기 때문이다. 어떤 이들은 민관이 서로 사이좋게 협력하는 구조를 협치라 이야기하곤 하는데, 이는 협치라는 개념을 대단히 잘못 이해하고 있는 것이다. 실제 협치에서 가장 중요한 것은 그동안 행정이 쥐고 있던 권한과 책임을 시민 중심으로 배분하고 새롭게 구조화하는 것이다.

예술마을 연석회의는 이러한 협치의 본질이 작동할 수 있도록 성북문화재단의 관련 예산을 각각의 활동과 호혜적 원칙에 따라 예술마을 만들기 활동에 참여하고 있는 주체들 스스로 결정할 수 있도록 한다. 성북문화재단은 이러한 결정을 존중하여 각각의 예술마을 만들기 활동을 문화재단의 사업으로 편성하여 민간주체들의 자율성에 기반한 지역문화생태계를 만드는 데 힘쓰고 있다. 물론 활동에 비해 턱없이 부족한 예산을 조정하는 과정에서 갈등이나 고민이 없을 수 없으나, 4~5년 동안 꾸준히 이어진 활동 속에서 조금씩 쌓아 온 서로에 대한 신뢰와 우정이 이러한 과정을 가능케 하는 힘이 되고 있다.

예술마을을 만든다는 것

예술마을 만들기 활동을 5년 가까이 이어 오면서 가장 많이 들었던 말은 "예술마을 만들기가 도대체 뭐냐?"라는 질문이다. 어떤 이들은 파주에 있는 헤이리 예술마을 같은 곳을 만들고 싶은 것이냐 물었고, 어떤 이들은 골목 골목마다 주민들의 연주와 춤이 넘쳐나는 마을을 만들고 싶은 것인지 묻기도 했다. 또 어떤 이들은 도대체 너희가 말하는 예술마을 만들기의 성과가 뭐냐, 비전이 뭐냐 묻기도 했다.

이러한 질문들은 '지원 사업'이란 구조 속에 갇혀 있는 한국 문화예술 생태계의 한계에서 기인한다. 성과를 만들어 내고 그 성과를 눈에 보이는 계량적 수치로 설명하며, 스스로의 활동과 존재의 필요성을 증명하지 못하면 인정받지 못하는 현실은 삶의 빈곤함과 관계의 소멸로 우리를 내몬다. 측정되지 않는 삶으로부터 아무런 의미와 영감을 찾아낼 수 없는 이들에게는 예술마을 만들기의 모습이 낯설기만 할 것이다.

예술마을 만들기는 하나의 질문에 가깝다. 과연 우리 시대에 예술이란 무엇인지, 정주성이 소멸한 도시에서 도대체 마을이란 무엇인지, 그리고 누군가가 제공하는 삶을 넘어서 주체로서의 삶이란 어떤 것인지 우리 스스로에게 끊임없이 질문하는 과정이야말로 예술마을 만들기의 본질이 아닐까? 때문에 우리는 예술마을 만들기란 활동에 정답은 없다고 얘기한다. 다만 질문하기를 멈추지 않는 것, 그것이 우리가 예술마을 만들기를 통해 궁극적으로 보여주고 싶은 모습이다.

2장

받은 것을
나눌 시간

공탁과
청년예술가가 만나다

송현우(로마노)

아트그룹 슈필렌 대표. 경희대학교 음악대학 성악과를
졸업하고 문화기획자, 성악가, 음악감독으로 활동하며
축제를 중심으로 다양한 문화기획을 하고 있다.

예술을 사랑하는 청년들,
슈필렌으로 만나다

넉넉지 않은 가정 형편에 고등학교 3학년이 되어서야 부모님을 설득하여 성악을 배우기 시작했다. 첫 입시에는 낙방했지만, 이후 지역아동센터에서 일하며 재수생 시절을 거쳐 그토록 원하던 대학에 입학했다. 대학에 들어가면 행복하게 노래만 하며 살 수 있을 거라고 생각했지만 현실은 그렇지 않았다. 1학년을 마치고 경찰교육원 경찰악대에 성악병으로 입대하여 전역을 6개월쯤 앞두고서 휴가나 외출을 나올 때마다 다른 장르의 예술가들을 만나기 시작했다.

우리는 같은 처지였다. 노래를 잘하든, 악기 연주 실력이 뛰어나든, 춤을 잘 추든, 그림을 잘 그리든 모두 비슷한 고민을 했다. 시립교향악단, 시립합창단, 국립무용단 등 계약직 일자리라도 얻는다면 정말 다행이었지만, 일거리를 찾는 동안 청년예술가들이 활동을 지속할 수 있는 방법이 없었다. 부모가 경제적으로 여유가 있어 물감과 캔버스를 아낌없이 살 수 있거나, 집에서 유학을 보내주거나 앨범을 내줄 수 있는 경우가 아니면 모두 같은 처지였다.

내가 졸업한 음악대학만의 문제가 아니었다. 대학 졸업연주회, 공연, 전시회가 자기 인생의 마지막 무대가 될 수도 있다는 것에 다들 두려움을 느끼고 있었다. 만나던 몇몇 친구들과 이 고민을 솔직하게 나누었다.

2014년에 전역을 한 뒤, 나는 뜻이 맞는 성북구의 청년예술가 10여 명과 함께 '아트그룹 슈필렌SPIELEN'의 의미와 철학을 공유했다. 비록 서로가 어떻게 힘이 되어줄 수 있을지 확신은 없었지만, 함께 모여 밥을 먹으며 근황을 나누는 것부터 시작했다. 그리고 반년 정도 지났을 무렵, 우연히 공유성북원탁회의와 성북문화재단을 만나게 되었다.

공탁에서
'선배'와 '친구'를 만나다

"슈필렌은 청년예술가가 졸업 후 도피성 유학이나 학력 부풀리기 쪽으로 나가지 않고 예술 활동을 지속할 수 있도록 노력하는 단체입니다. 많은 선배님들이 활동하는 모습을 더 가까이서 보고 배울 수 있도록 저도 공탁 운영위원에 참여하고 싶습니다."

처음 '아트그룹 슈필렌'을 창단했을 때 단원들의 평균 나이는 25세였다. 갓 졸업한 친구들과 아직 대학생인 친구들, 대학을 졸업하고 예술 활동을 하는 비전공 예술가들도 있었다. 우리는 함께 모여 우리만의 새로운 장르, 또는 작품을 만들어 볼 수 있지 않을까 고민했다. 각자 대학에서 전공한 분야를 제외하고 우리가 어떤 식으로 협업을 할 수 있는지도 그 당시에는 잘 몰랐다.

함께 만날수록 우리의 만남을 의미 있는 시간으로 만들기 위해 변화가 필요해지는 시점이 찾아왔다. 졸업 후 진로에 대한 고민, 경제활동, 자신이 공부한 예술 장르의 비전 등 현실적인 고민을 앞에 두고 단순히 친목 도모를 위한 만남은 무의미하다고 느꼈다. 우리의 모임이 우선순위에서 밀리기 시작했는지 불참하는 사람들도 생겨나고 있었다. 변화가 필요했다. 어떻게 우리의 모임을 더욱 생산적으로 만들 수 있을지 고민하던 2014년 봄 즈음, 나는 우연히 술집에서 만난 성북문화재단 관계자를 통해 공탁의 존재를 알게 되었다.

공탁에 대해 자세한 설명을 듣지 못한 채 많은 사람들이 모여 있는 단체 채팅방에 초대를 받았다. 예술가들이 많다면서, 그들이 어떻게 만나고 있는지는 와 보면 안다고 했다. 반신반의했지만 새로운 예술가들을 만나는 것이 재미있겠다는 생각이 들었다. 슈필렌과 모임을 함께할 수 있는 친구들을 만날 수 있을 것 같다는 기대감도 컸다.

처음 모임에 나갔던 날, 대학 신입생 오리엔테이션에 갈 때의 느낌과 비슷한 긴장감이 있었다. 장르는 다를지라도 같은 문화예술 계통에서 일하는 사람들을 만난다는 것이 긴장되면서도 설레었다. '공유서가'라 불리는 반지하방 같은 곳에 들어갔더니 정말 많은 사람들이 앉아 있었다. 얼추 50여 명은 되었던 것 같다. 그날 정장을 입고 온 사람은 나뿐이었다. 그 안에서 긴장을 하고 있던 것도 나뿐이었는지도 모르겠다.

첫 모임은 매우 인상적이었다. 먼저 자기소개를 했

문화와 예술, 마을을 만나다

다. 어떤 활동을 하고 있는지, 어디서 일을 하고 있는지, 어떤 가치로 그 활동을 하고 있는지 등등 한 사람이 충분히 자신을 소개할 수 있도록 긴 시간을 할애했다. 자기소개만으로 두 시간 가까이를 보냈다. 연극 연출가, 배우, 그림을 그리는 작가, 큐레이터, 기획사 직원, 서예를 기반으로 강의와 플랫폼 사업을 하는 사람 등 다양한 활동을 하는 이들의 소개를 들었다. 이상하게 가슴이 뜨거워졌다. 대학에서 클래식을 공부하는 사람들만 만나고, 슈필렌에선 청년예술가들만 만나던 나는 이들과 한 공간 안에 있다는 것만으로도 설레었다.

공탁은 앞으로 운영위원을 정한 뒤 전체 모임과 운영위원 모임을 나누어 꾸릴 계획이라고 했다. 나는 이 멋진 선배들과 조금이라도 많은 시간을 함께 보내고 싶었다. 그들의 경험과 지식을 배우고 싶었고, 10년, 20년 넘게 이 활동을 지속할 수 있는 노하우가 무엇인지 배워서 졸업 후에 당장 무엇을 하며 살아야 할지 고민하는 슈필렌 단원들에게 알려주고 싶었다. '하고 싶은 사람이 한다'(자천)는 공탁의 운영 원칙에 따라 나는 운영위원을 하겠다고 손을 번쩍 들었다.

성북에서 태어나고 자란
청년예술가들

대학에서 베토벤, 모차르트, 슈만, 브람스를 공부했지만 나는 '클래식'이라는 장르에 대해 솔직히 지루한 느낌을 갖고 있었다. 오랜 시간 같은 곡을 연주하면서 누가 더 잘하는지 콩쿠르에서 겨루고, 콘서트가 열려도 가수들이 늘 비슷한 곡을 부르는 것이 진부하게 느껴졌다. 그런데 어느 날 공탁에서 함께하고 있는 극단 서울괴담의 '북정 블루스'° 공연에 대한 이야기를 들었다.

한 극단이 내가 살던 동네에서 주민들과 함께 연극을 만들어 가는 과정에 대한 이야기를 들었을 때 나는 꽤 신선한 충격을 받았다. 지역주민의 삶 속으로 들어가 그들의 이야기로 작품을 만들 수 있다니! 그것을 예술 작업으로 생각하는 사람들이 있다는 것도 신기했고, 실제로 그것을 공연으로 만드는 과정을 보면서 놀랐다. 그런 작업들이 '예술'이 될 수 있을 거라고는 전혀 생각하지 못했다. 학교에서는 일상 속 '나'와 '우리'의 이야기가 예술이

° 2014년 7월 19일 성북구 성북동 북정마을에서 열린 공연. 지역주민들의 삶과 북정마을의 재개발 문제에 대한 이야기를 담았다.

될 수 있다는 것을 배우지 못했기 때문이다.

공탁에서 만난 선배와 친구들 그리고 성북문화재단의 관계자들 덕분에 슈필렌은 첫 프로젝트 〈길상화-백석의 자야〉°를 무대에 올릴 수 있게 되었다. 백석 시인과 성북구의 명소인 길상사에 대한 이야기를 담은 음악극이었다. 우리는 함께 대본을 쓰고 음악을 만들며 좀 더 유의미한 만남을 시작했다. 성북에서 태어나고 자란 예술가들이 성북의 이야기를 작품으로 만들 수 있다는 생각을 그동안에는 왜 하지 못했을까.

그것을 계기로 성북구의 문화재에 관한 공부를 시작했는데, 재미있는 사실을 알게 되었다. 어려서부터 나는 이미 성북구에 있는 문화재들과 함께 놀았던 것이다. 한양도성을 성곽이라 부르며 친구들과 그 위에 올라탔고(지금은 그래서는 안 된다는 것을 안다), 내가 잘 알던 친구네 집이 한용운 선생이 살던 '심우장'이었다. 그리고 일 년에 한 번씩 동네에서 한복 입은 사람들이 행렬을 하는 축제 날, 설렁탕 가게를 운영하던 외할아버지께서 동네사람들에게 잔치국수를 만들어 주셔서 함께 나누어 먹었는데,

---

°   2015년 2월 13일 아리랑시네센터에서 공연한 슈필렌의 창작 음악극. 백석 시인과 김영한 여사의 사랑 이야기와 함께 여사가 법정스님께 전 재산을 시주하면서 길상사가 탄생한 배경을 담아 낸 공연이다.

그 행사가 바로 선잠단지에서 열리는 마을축제 '선잠제先
蠶祭'°였다. 이렇게 내가 자랐던 공간의 이야기가 예술로
창작될 수 있다는 것은 동네를 누구보다 잘 아는 나와 슈
필렌 단원들에게 더 좋은 작품과 기획을 할 수 있겠다는
용기를 주었다.

공연을 앞두고 공탁의 선배들에게 우리 작품을 봐
달라고 요청했다. 공연 좌석은 일찍이 매진되어 스탠딩
좌석을 오픈해야 할 정도로 흥행에 성공했다. 부족한 게
많은 작품이었지만, 좋은 기회를 통해 함께 무언가를 만
들어 낼 수 있음을 배울 수 있었던 값진 시간이었다. 2백
만 원의 프로젝트 비용으로 우리는 창단할 때 목표했던
명함을 만들어 갖게 되었고, 단원들과 회식도 할 수 있게
되었으며, 10만 원 남짓한 출연료도 받을 수 있었다.

공연을 보러 와 준 공탁 선배들에게 우리 작품에 대
한 피드백을 해 주십사 전체 메일을 보냈더니 세 명의 선
배가 우리를 만나러 와 주었다. 우리 작품에 대한 평가와
개선점에 대해 이야기를 해 주셨고, 한편으로는 슈필렌이
궁금해서 왔다고 했다. 그렇게 우리는 2백만 원짜리 프로

○   고려·조선 시대에 중국의 누에신(잠신) 서릉씨에게 지내던 제사. 해마다 음
력 4월 첫 사일(巳日)에 행하였다.

젝트를 통해 큰 공부를 함과 동시에 애정 어린 눈으로 봐 주는 좋은 선배를 만나 기댈 수 있게 되었다.

문화, 공유, 협력의 힘

2015년 첫 프로젝트 이후, 나는 공탁의 선배들을 만날 때마다 붙잡고 궁금한 것을 물어 보기 시작했다. 회의가 열리면 가장 먼저 와서 맨 나중에 나갔다. 먼저 도착한 선배에게 어떤 프로젝트를 진행하고 있는지, 어떤 것들이 어려운지 활동 경험을 들었다. 회의가 끝나면 또 다른 선배를 붙잡고 요즘 서울 문화 판의 이슈는 무엇인지, 어떤 맥락에서 어떤 정책과 사업이 생겨나는지 끊임없이 물어 보았다. 물어 볼 것이 없을 때는 그냥 선배들끼리 이야기하는 것을 들으며 그들은 어떻게 사는지, 활동에서 일어나는 이슈를 어떻게 해결해 나가는지 관찰하기 시작했다. 나보다 20년 가까이 선배인 그들을 대학의 한두 해 선배보다 더 편하게 대하며 그들에게 자문을 구할 수 있었던 건 공탁의 수평적인 문화 덕분이었다.

공탁 친구들은 닉네임으로 서로를 불렀다. 닉네임

뒤에 '님'이나 '씨' 같은 호칭도 붙이지 않았다. 처음에는 이 문화가 너무 어색하고 익숙해지기 힘들었다. 어른에게 반말을 하는 것 같았고, 버릇없는 사람으로 여겨질까 겁이 나서 말할 때 일부러 주어를 생략하곤 했다. 그래서였을까, 언제부턴가 내가 그들과 섞이지 못하고 겉돈다는 느낌을 받았다. 그들과 조금 더 친해지기로 마음을 먹고는 그들과 이야기를 나눌 때 닉네임을 편하게 부르려고 노력했다. 일 년쯤 지나자 그들과 함께한 시간 덕분인지 아니면 내 마음에서 경계를 푼 덕분인지는 모르지만 내가 선배들의 닉네임을 부르고 그들도 나를 '로마노'라 부르는 것이 이상하게 느껴지지 않았다. 이제야 그들과 정말 친구가 되었다는 생각이 들면서 나는 첫날 혼자 입고 왔던 마음속의 정장을 벗게 되었다.

이후 본격적으로 공탁 친구들의 오랜 경험들을 보고 배우면서 슈필렌에 대입하기 시작했다. 회사를 운영해본 경험이 전무했던 것은 물론, 학교에서 경영과 창업 관련해 아무것도 배운 적이 없던 나는 무엇부터 해야 하고 또 무엇을 해서는 안 되는지 알 수가 없었다. 직접 경험해가며 배우기에는 기회비용이 두려웠고, 나를 바라보고 있는 단원들의 희생과 그 뒤에 따라올 실망이 두려웠다.

사업자 등록을 하고 처음 세금계산서를 발행하던 때, 외국어와 악보만 보고 공부하던 나에게 세무 관련 용어 하나하나가 너무 어렵게 느껴졌다. 온종일 인터넷 포털을 검색하며 혼자 끙끙 앓다가 공탁 친구에게 물어 보니 10분 만에 해결되었다. 단원들과 갈등이 있거나, 단원들과 함께 나누기 민감한 고민이 생길 때도 공탁 친구들을 찾았다. 그러면 그들은 곧 답을 주었다. 인터넷보다 훌륭한 친구들이었다.

그렇게 2014년 5월 비영리단체로 설립된 슈필렌은 같은 해 12월 개인사업자로 전환한 뒤 2016년에는 10명의 청년예술가들에게 월급을 줄 수 있는 회사로 성장했으며, 2017년에는 예술가들을 대상으로 25명의 2년 계약직 일자리를 만들어 지역사회의 문화예술을 통한 축제, 교육, 공공 디자인, 공연 프로젝트를 진행했다. 이후 슈필렌은 '주식회사 아트그룹 슈필렌'으로 법인을 설립하고 2018년 예비 사회적기업 지정을 받았다.

스물네 살, 대학교 2학년 때 사회생활을 시작한 나는 여러 교수님들의 도움으로 간신히 졸업을 할 수 있었다. 지금은 여섯 명의 정규직 동료들과 함께 축제를 중심으로 다양한 문화기획을 하면서 청년예술가의 경제 활동을 돕고 문화적 도시재생을 꿈꾸며 일하고 있다. 공탁 친구들의 도움 없이는 엄두도 못 냈을 일이다. 나와 슈필렌에게 공탁의 친구들은 든든한 비빌 언덕이었다. 성북에서 나고 자란 슈필렌 청년들은 공탁 친구들이 각자 축적해온 수년 간의 경험들을 모은 '백 년의 경험'을 물과 양분으로 삼아 무럭무럭 성장했다.

효율, 우리한테
어울리는 말일까?

언젠가부터 공탁 사람들은 공탁이 왜 효율적이지 못할까 하는 생각에 사로잡혔다. 새로 온 사람들을 매번 떠나가게 만들고, 회의 시간에 지각하고, 주제에 벗어난 이야기를 하고, 또 막상 어려운 주제는 결론짓지 못하고 결정을 미루는 공탁 회의가 싫어진 때가 있었다. '이 시간에 회사에서 동료들과 회의를 했으면 더 생산적이었을 텐데' 하는 생각이 들 즈음, 나는 공탁 모임 시간에 다른 약속을 잡기 시작했다. 그나마 어쩌다 나간 공탁 회의 자리에서는 부정적인 이야기들만 잔뜩 쏟아 내곤 했다.

다른 친구들은 어떻게 생각할까. 너무나 궁금해져서 성북의 몇몇 청년 운영위원들을 만나 이야기를 나누었다. 다들 비슷한 불만을 토로하다 보면 마음이라도 편해질 것 같은 기대감으로 친구들을 만났다. 각자의 고민은 비슷했다. 공탁 운영위원에 새로운 사람이 유입되지 않는 것에 대한 문제, 모르는 사람들에게 공탁을 소개할 때 명확하게 설명하기 어렵다는 것, 새로운 사람이 오더라도 커뮤니티의 핵심 구성원으로 성장하지 못하고 튕겨 나간다는 점 등 비슷한 문제들을 느끼고 있었다. 이야기를 나누면서 또 하나 재미있는 점을 발견했는데, 문제를 하나하나 꼬집으며 이야기를 나누면서도 우리는 이상하게 계속 공탁을 옹호하고 있었다는 것이다.

"공탁은 뭘까?"

"정의할 수 없어. 개인마다 다를 거야. 그건 스스로가 찾아야 해."

"그럼 다 떠나갈지도 몰라. 지금껏 봤잖아. 효율적이지 못해."

"효율? 그게 우리한테 어울리는 말일까? 그럼 여기서 우린 뭐 하고 있는 거야?"(다 같이 웃음)

"우리 선배들이 그랬던 것처럼, 새로운 친구들을 위

해 시간을 들일 필요가 있어."

"맞아. 효율적이지 않더라도 그게 괜찮은 거잖아. 그들에게도 차차 공탁이 소중해질 거야."

네 시간 가까이 긴 토론을 하며 우리는 공탁을 하나로 정의할 수 없다는 것, 그리고 새로운 사람들의 욕구나 가치 또한 다르다고 무시할 수는 없다는 것을 깨달았다. 같이 이야기를 나누면서 공탁이 효율적이지 못하다는 불만도 저절로 해소되었다. 우리는 효율적인 것을 추구하기 위해 모인 것이 아니었기 때문이다. 효율적인 커뮤니티가 목표였다면 공탁 친구들은 나와 슈필렌을 위해 자신의 시간과 에너지를 쏟을 필요가 없었겠구나 싶었다. 사실이었다. 누군가 공연을 제작했다가 실패하면 실력 없는 연출가라 판단하고 말면 그만인 것을, 공탁은 굳이 서로를 비평하고 다독이며 애정 어린 잔소리를 하는 곳이었다.

공탁을 '동네 안에서 함께 시간을 보내는 모임'이라 말할 수 있을지도 모르겠다. 회의 시간에 종종 안건과 다른 이야기를 하더라도 그 사람을 더 잘 알 수 있는 시간이 되고 그렇게 서로를 더 잘 알아 가며 함께 재미있게 활동하고 생존할 수 있게 만드는 모임이 공탁이었다. 함께하는 효율적이지 못한 긴 시간이 서로를 단단하게 만들고 포용할 수 있게 만들어 왔으며, 또 힘들고 지칠 때 서로 기댈 수 있는 친구들로 만들어 주었음을 새삼 느낄 수 있었다.

우리가 함께 보낸 시간을 널리 알릴 때

내가 공탁의 친구들을 통해 성장한 것처럼 다른 예술가들도 공탁을 만나 성장했으면 좋겠다는 마음을 늘 가지고 활동해 왔다. 하지만 다른 20대 예술가가 지금 공탁을 만났을 때, 나 또는 내 친구들이 경험했던 것처럼 그 또한 새로운 기회와 경험들을 누릴 수 있을지 누군가가 물어 오면, 그렇다고 자신 있게 대답할 수는 없을 것 같다. 지역사회 안에서 자신의 가치를 실현하기 위해 고군분투하고 있는 우리에게 아직은 그만한 여유가 없는 것인지, 아니면 이미 우리가 많은 것들을 손에 쥐고 내려놓지 못하고 있는 것은 아닌지 생각해 볼 필요가 있다.

못내 아쉬운 것이 6년이 지난 지금까지도 내가 공탁 운영위원의 막내라는 사실이다. 후배가 없기 때문에 아쉽다는 의미가 아니라 공탁의 의미와 가치 그리고 활동이 어느 순간 사라질 수도 있겠다는 우려 때문이다. 새로운 청년들이 유입되기는 했다. 새로운 구성원들이 들어오지 않자 2017년, 새로운 사람들을 초대해야겠다는 필요성을 느꼈고, 전체 모임에서 관련 프로그램들을 기획하면서 20대 청년예술가들이 10명 남짓 공탁을 스쳐 지나갔다. 그들은 공탁에 어떤 기대감을 가지고 왔으며, 또 어떤 이유로 떠나갔을까? 공탁의 활동과 미래에 관심을 갖는 20대가 보이지 않는다는 것, 새로운 회원들의 연령대를 보아도 20대 비율이 낮다는 점에 대해 좀 더 날카로운 문제의식을 가져야 하지 않을까.

우리에게는 책임이 있다. 우리가 함께 느끼고 공유하고 있는 공탁의 가치를 널리 알려야 한다. 나와 친구들은 '부자'가 되었다. 공탁을 통해 우리가 함께 보낸 시간 자체가 바로 큰 자산이다. 그 시간을 통해 동네친구, 안정감, 경험, 기회, 성장, 지식, 정보 등 정말 값진 보물을 얻게 되었다. 부자가 된 우리는 이제 나눌 수 있는 것이 더 많아졌다. 더 많은 이들이 공탁의 풍부한 자원을 함께 누릴 수 있도록, 이제는 우리가 함께 쌓아 온 반짝이는 시간들을 널리 알릴 때이다.

3장

공탁이 있어 다행이야!

마을사람으로 산다는 것

성낙경(브라질)

아이 셋을 키우면서 2012년부터 마을에서
일상예술공간인 '마을예술창작소 길음예술사랑방'을
운영하고 있다.

마을을 이루고 산다는 것

성북에서 산 지도 15년이 되었다. 이사 다니지 않아도 되는 집을 구해 길음 뉴타운에 둥지를 틀었다. 서울 같지 않게 투박하지만 따뜻한 정을 나누면서 오래오래 살고 싶은 동네가 되었다. 세 아이가 초등학교를 다니면서 알게 된 이웃도 있고, 같은 동네에 살면서 인사를 나누는 이웃들도 있지만 내게는 좀 다른 이웃들도 있다. 공탁 친구들이다. 2012년 갑자기 놀토(학교에 가지 않는 토요일)가 생겼을 때 직장 다니는 엄마들이 마음 놓고 일할 수 있도록 아이들과 함께 문화예술활동을 하면서 자연스럽게 공탁 친구들과 어울리게 되었다.

성북 주민으로 살면서 '공탁이 있어 다행이다' 싶은 순간들이 종종 있다. 말이 통하는 친구들과 수다를 떠는 재미도 쏠쏠하지만, 공탁 덕분에 동네에서 일어나는 일에 무관심하지 않을 수 있고, 함께 행동할 수 있어 참 다행이다 싶다. '이건 아닌데…' 싶은 일도 혼자라면 속으로 끙끙 앓거나 허공에 삿대질을 하고 말았을 텐데 마음이 통하는 공탁 친구들이 있어 함께 뭔가를 시도해 볼 수 있다.

성북동 입구의 아름드리 가로수가 잘려 나갔을 때 공탁 친구들이 한마음이 되어 발 빠르게 대처해 나무를 살려낸 일은 마을에 대한 애정과 친구들에 대한 신뢰를 더 깊게 해 주었다. 동네에 있는 사립학교인 동구여중 교장 선생님이 부당하게 해고당했을 때도 공탁 친구들이 아니었으면 혼자서는 아무것도 할 수 없었을 것이다. 문화와 예술의 힘으로 폭력에 맞서는 경험은 우리 사회를 성숙시키는 거름이 될 거라 믿는다.

뜻을 함께하는 이들이 마음을 모으면 단순히 산술적인 합을 넘어서는 힘을 발휘할 수 있다. 우리가 마을을 이루고 사는 까닭도 그 때문이 아닐까?

성북동의 가로수,
플라타너스를 지키다

지하철 4호선 한성대입구역에서 시작해 만해 한용운 선생 생가, 심우장으로 가는 길은 인도가 넓고 하늘이 트여 있어 걷기에 참 좋다. 이 길의 운치를 만들어 내는 데는 70년 된 플라타너스 나무들이 단단히 한몫을 한다. 중앙차도의 가로수이자 중앙분리대 기능을 하면서 도심을 푸르게 하기 때문이다. 개인적으로는 뉴타운에서 성북동으로 이사를 오고 난 후 걷기의 의미를 재발견하고, 우리집 반려견 헤공이와 함께 동네를 산책하는 즐거움을 알게 된 길이기도 하다.

그런데 2016년 8월 폭염이 기승을 부리던 어느 날, 성북동으로 들어서는 길목에 서 있던 아름드리 플라타너스 두 그루가 구청 직원들에 의해 잘려 나갔다. 교통 체증 개선이 그 이유였다. 마침 우연히 그 길을 지나다 나무 자르고 있는 광경을 목격한 공탁 멤버 강의석 씨가 단톡방에 긴급하게 이 문제를 알렸다. 구청이 살아 있는 나무를 함부로 훼손하는 일에 대해, 행정의 일방적인 집행에 대해 우리는 채팅방 안에서 뜨겁게 이야기했다.

알고 보니 근처 아파트 입주민들의 교통 불편 민원이 있었고, 이에 구청에서는 나무를 없애고 그 자리에 유턴 구간을 만들려는 요량이었다. 그러나 사실 출퇴근 교통 정체의 원인은 다른 데 있었다. 근처에 유명한 모 제과점이 자리하고 있는데, 워낙 알려진 곳이다 보니 평소 이곳을 이용하는 고객 차량들이 몰리는 일이 잦았고 그 결과 상습적으로 교통 체증이 발생하곤 했던 것이다. 특히 출퇴근 시간이면 주차 업무를 담당하는 직원이 몰려드는 차량을 정리하느라 여념이 없는 모습을 일상적으로 볼 수 있었다.

공탁의 구성원들은 물리적인 저지를 결의하고 함께 행동하기 시작했다. 몇몇은 성북동 주민들에게 이러한 사실을 알리고 같이 해결하기 위한 자리를 준비하고, 또 다른 몇몇은 대책 마련을 위한 구체적 계획을 짜는 등 일사불란하게 서로의 일을 나누고 대응팀을 꾸렸다. 공탁 친구들은 종이로 꽃과 잎을 만들어 '아직 나무는 죽지 않았다', '우리 나무랑 같이 살아요' 같은 글을 써서 나무에 붙이고 공사 안내판 위에도 같은 문구의 현수막을 내걸었다. 오가는 사람들과 성북동 주민들도 동참해 사려 깊지 못한 행정을 향해 나무가 살아 있음을 알리고 나무의 상

몸치가 잘린 플라타너스가 이듬해 새순을 틔웠다.

처를 치유하려는 마음을 함께 표현했다.

주민 서명운동은 불과 2시간 만에 300여 명이 동참하면서 성북구 안에서 이슈가 되었다. 나무를 베어 낸 지 일주일이 지난 8월 10일, 성북동주민센터에 150여 명이 모여 '성북동 가로수 보호 주민 입장 발표회'를 열었다. 같은 날 드디어 우리는 구청의 사과를 이끌어 냈고, 성북동의 소중한 나무들을 보호할 수 있었다.

2019년 여름, 행정의 무도한 톱질에 잘렸던 플라타너스 나무 둥치에 하나둘 새 가지와 잎들이 돋아나기 시작했다. 그 길을 오가는 나와 공탁 친구들은 이 평범한 나무의 일상이 남다르게 다가온다. 무참하게 잘렸다고 생명이 허망하게 사라지는 것은 아니며, 누군가 상처 내고 자른 자리에도 푸른 잎이 올라와 아직 살아 있음을, 그리고 열심히 살아가려 노력하고 있음을 우리에게 전하고 있다. 무엇보다 그 여름, 우리의 노력이 얼마나 소중했는지 나무의 변화를 보면서 거듭 깨닫게 된다. 2016년 8월의 폭염 속에서도 꺾이지 않는 의지로 기어이 함께 나무를 살려 낸 공탁 친구들에게 깊은 고마움을 느낀다. 나무를 지켜 가는 공탁 친구들의 노력을 담은 영상은 〈우리는 나무와 닮았다〉라는 다큐멘터리 영화로 남아 있다.

불의에 맞서 함께 싸우다

성북구에는 1942년에 세워진 재단법인 동구학원이 있다. 이 사학재단은 한국 해방 이후의 역사를 함께한 동구여중과 동구여고를 운영 중이다. 공탁 친구들은 2017년부터 동구여중과 인연을 맺고 함께 다양한 예술교육 프로그램들을 진행해 오고 있다. 그런데 예술교육을 함께 진행하며 공탁과 긴밀하게 관계를 이어 온 동구여중 교장 선생님이 2018년 어느 날 아침 느닷없이 재단으로부터 해임 통보를 받았다. 공모제를 통해서 학부모들이 함께 뽑은 교장이었기 때문에 충격이 더 컸다. 날벼락 같은 일이었다. 수긍할 수 있는 사유도 없이 그저 재단의 뜻 하나로 위에서 내리꽂듯 통보하는 식이었다.

공탁 친구이면서 동구여중의 학부모였던 '야옹'이 이 황당한 사실을 알리고 도움을 요청하면서 공탁은 연대할 방안을 논의하기 시작했다. 제일 먼저 성북구의 다양한 단체들이 주체가 되어 매주 돌아가면서 지하철역 입구에서 시위를 시작했고, 공탁도 그 시위에 함께하기로 했다. 그리고 단순히 시위에 참여하는 것에서 더 나아가 공탁 친구들은 어떤 창의적인 행동으로 공탁답게 참여할지를 고민했다.

첫날에는 지하철역 앞에서 노래와 퍼포먼스로 마을 사람들에게 동구학원의 상황을 알렸다. 둘째 날에는 무지개 우산을 쓰고 한성대입구역에서 미아리고개까지 행진하면서 동구학원의 문제를 좀 더 많은 성북구민들에게 전하고자 했다. 3월 24일에는 플래카드를 들고 한성대입구역에서 서대문구에 있는 서울시교육청까지 도보 행진을 기획하고 진행했다. 그 후로도 공탁은 동구학원의 두 교장 선생님이 학교로 복직하시길 기원하며 다양한 활동에 적극 함께했다.

사학재단의 막강한 권력을 모르지 않기에 누구도 승리를 장담할 수 없는 기나긴 싸움을 시작한 학생들과 학부모, 그리고 용기내서 함께한 동료 선생님들을 응원하며 동네친구로서 마음을 담아 그 일에 동참했다. 추운 겨울이 지나고 처음 문제제기를 한 지 일 년을 넘긴 2019년 3월 5일, 드디어 선생님들은 다시 학교에 돌아올 수 있었다.

공탁의 워킹그룹은 아니지만, 공탁 안에서 아이들의 예술교육을 고민하던 예술강사 친구들이 중심이 되어 '마을온예술'이란 협동조합을 만들었다. 마을온예술은 아이들이 스펙이 아니라 일상에서의 충만한 경험으로 예술을 만날 수 있도록 지역 학교와 소통하면서 예술교육과정을 함께 기획하고 진행했다. 지금까지도 마을온예술은 지역 예술교육에 대한 고민을 지속하고 있을 뿐만 아니라 그 과정에서 학교 선생님들과 인연이 쌓여 '월간 동네교육'이라는 모임을 지속적으로 이어가고 있다. 이런 인연 덕분에 지역 사학에서 일어난 문제에 지역주민, 단체, 교사가 함께 긴밀하게 대응하고 학교를 지켜낼 수 있었던 것이다.

공탁 사람들은 2년째 동구학원 운동장과 체육관을 빌려 운동회를 열고 있다. 학교는 사립재단의 소유 재산이 아니라 마을의 학교다.

가출한 숙희를 찾습니다!

숙희는 공탁 친구 '봉봉'과 '선화'의 반려견이다. 가끔씩 공탁 행사에도 함께 참여하는 사랑스러운 강아지이다. 매년 열리는 공탁운동회에 동물 대표 자격으로 '반려견과 함께하는 달리기' 종목을 만들 것을 당당하게 주문

191

한 친구이기도 하다. 숙희는 2019년 운영위원을 뽑던 날
도 봉봉과 함께 참여했고, 그날 만장일치로 운영위원으로
뽑혔다. 공탁 운영위원 숙희!

　　그러던 어느 날, 장맛비가 쏟아지는 중에 혼자 집을
지키고 있던 숙희가 천둥 번개에 놀라 그만 집을 나가 버
리는 사건이 발생한다. 그날 오후 집에 들어온 가족이 뒤
늦게 숙희가 집에 없음을 알게 되었고, 바로 공탁 단체 채
팅방에 숙희의 가출 소식을 알렸다. 숙희의 가출로 애를
태우던 공탁 친구들은 각자 자신들의 네트워크를 가동하
여 숙희의 행방을 수소문하기 시작했다. 숙희의 사진과
특징을 적은 전단지를 만들어 공유하는 등 공탁의 구성원
들은 다양한 방법을 동원했다. 속절없이 하루가 지나고,
모두가 애타는 마음으로 다시 성북동 거리로 나와 전단지
를 돌렸다. 늦은 시간까지 공탁 친구들이 집 나간 숙희를
찾아다니자 성북동 주민들도 우리의 애타는 마음을 이해
하고 흔쾌히 개인 CCTV를 확인할 수 있게 도와 주었다.
더운 여름, 그렇게 애타는 이틀을 보냈다.

　　공탁 친구들의 문어발 네트워크, 그리고 지역주민
들의 끈끈한 협력으로 드디어 숙희가 어디에 있는지 확인
할 수 있었다. 집 나간 숙희는 다행히도 종로구 삼청동에

소중한 동네친구가 된 숙희는
공탁의 운영위원이다.

서 구조되어 경기도에 위치한 어느 동물보호소에 맡겨져 있었다. 숙희는 실종 3일 만에 보호소의 연락을 받고 달려간 봉봉과 선화 가족의 품에 안겨 집으로, 우리에게로 돌아왔다.

연락을 받은 순간, 봉봉과 극적인 상봉의 순간, 그 모든 순간을 단체 채팅방에서 공탁 사람들과 함께 나누었다. 그날 밤 숙희 집에서 숙희의 무사 귀환을 축하하는 파티가 열렸다. 그리고 함께 걱정해 준 동네사람들을 위해 전단지를 수거하고, 숙희가 건강하게 돌아왔다는 소식을 알렸다.

이제 숙희는 우리 동네 '셀럽'이다. 산책을 나가면 동네 사람들이 모두 숙희를 알아본다. 숙희와 함께 살고 있는 봉봉과 선화는 누구인지 몰라도 숙희는 모두가 알아보고 먼저 인사한다. "숙희야, 안녕? 산책 나왔구나."

4장

도시,
함께 만들어 가는 '놀이터'

주민이자 시민으로 살아가기

정기황(만평)

장소인문학적 도시건축을 연구하는 사단법인
문화도시연구소 소장. ㈜엑토종합건축사사무소 소장,
경의선공유지시민행동 공동대표로도 활동하고 있다.

성북동의 어제와 오늘

성북동은 조선시대 한양의 3대 꽃놀이(필운대 살구 꽃, 동대문 밖 버들, 북둔(성북동) 복사꽃) 명소로, 노들바위 위로 물이 흐르는 계곡과 그 주변으로 복사꽃이 만개한 수려한 경관으로 표현된다. 삼선교(한성대입구)역 인근은 모래 평야로 불릴 만큼 넓은 '삼선평'이었고, 근대 초기 야구와 축구경기 등이 열리기도 했던 곳이다.

내가 제일 좋아하는 성북동 경관은 삼선평 북쪽 끝자락의 정면에 삼각산 보현봉을 두고 양 옆으로 펼쳐진 풍경이다. 현재 노들바위 계곡은 복개되어 아스팔트 도로가 되었고, 복사꽃 피던 구릉은 집들이 차지하고 있다. 삼

선평은 도시 밑으로 흔적도 없이 사라졌다. 그럼에도 성
북동은 여름에는 진초록, 겨울에는 하얀 눈이 쌓인 삼각
산 보현봉을 배경으로 아름다운 경관을 자랑한다.

> 북둔(성북동)의 복숭아꽃이 천하에서 가장 붉다
> 혜화문 밖에서는 무엇을 보았는가
> 푸른 숲이 흰 모래밭에 연하였네
> 북둔의 복사꽃 천하에서 가장 붉고
> 푸른 시냇가엔 울타리 짧은 집들
> 금성천부라 참으로 아름답고
> 태평성대라 또한 즐거웁구나

> — 이덕무, 「성시전도시」 18세기

나는 2002년 겨울, 성북동에 처음 왔다. 첫 직장이
'꿩의 바다'라 불리는 성북동 부촌 꼭대기에 있었기 때문
이다. 4호선 한성대입구역에서 내려 성북동 길을 따라 한
참을 오르고, 선잠단을 지나면 등산이 시작된다. 성락원
을 지나 길상사를 지나 한참을 더 오르면, 삼거리의 커다
란 느티나무 아래 이층집이 나의 첫 직장이었다. 이 길을

만 3년 오르내렸다.

당시의 나에게 성북동을 압도하는 도시 경관은 크게 둘이었다. 하나는 성북동 입구 산등성이에 세워진 4천여 세대의 대규모 아파트 단지와 성북천을 따라 그 주변에 들어선 아파트였고, 다른 하나는 북악산 자락 남사면에 있는 부촌과 그 아래쪽으로 다닥다닥 붙어 있는 산동네들이었다. 북한산과 북악산의 수려한 자연 경관을 배경으로 장벽처럼 쳐 있는 아파트, 담장 높이가 2~3층은 되는 대궐 같은 주택들과, 오토바이조차 지나가기 힘든 골목길을 따라 빽빽하게 들어선 허름한 주택들이 한곳에 뒤섞여 이질적인 도시 풍경을 형성하고 있었다.

성북동은 2000년대 들어 내내 재개발 갈등에 휩싸여 있었다. 거의 전 지역이 재개발 구역이었고, 주민들 간 갈등과 부동산 투기의 장이었다. 현재 몇 개 구역은 해제됐지만, 그 사이 많은 주민들이 성북동을 떠났고 여전히 재개발의 불씨는 살아 있다. 재개발이 진행되지 않음으로써 20여 년이 지난 지금도 성북동의 경관은 크게 달라지지 않았다. 다만 빠르게 관광지로 변해 가고 있어 가로변 경관은 눈에 띄게 바뀌고 있다. 신입 시절 다니던 포장마차나 식당들은 거의 대부분 이전하거나 사라져 버렸다.

이런 현상은 비단 성북동뿐만이 아니다. 도시는 도시에서 살아가고 가치를 생산하는 사람보다는 물리적 환경 위주로 개발되어 왔다. 시민은 도시의 주인이라기보다 객에 가까웠다. 말 그대로 주객이 전도된 상황이다.

'성북',
일반명사에서 고유명사로

성북城北은 성의 북쪽 지역을 가리키는 일반명사다. 나주, 삼척, 진주에도 성북동이 있다. 노원구 월계동에 있는 광운대역이 이전에는 성북역으로 불린 까닭이기도 하다. (1973년 성북구에서 도봉구가 분구되고, 1988년에 노원구가 1995년에는 강북구가 도봉구에서 분구되었다.)

서울의 성북은 원래 혜화문(동소문)을 지나 한반도의 동북 방향으로 이어지는 도성 밖 동네였다. 성북구는 근대 이후 정부의 도시 개발로 서울의 확장이 만들어 낸 도시다. 자연 발생적으로 성장한 도시가 아니라 일제와 군사정권의 개발과 강제 이주로 형성된 베드타운이었다. 정부 주도의 시혜적 개발로 조성된, 도심에서 강제로 밀려난 사람들이 주로 사는 곳이었다.

성북동이 도심으로 편입된 것은 일제강점기인 1936년 '돈암 지구'가 개발되면서부터이다. 그 이후로 해방과 한국전쟁을 겪으며 산자락을 따라 전쟁 이재민들과 도심에서 강제 이주된 사람들이 마을을 형성했다. 1960년대에는 정부 주도로 성북천을 복개하고 그 주변에 아파트가 들어섰으며, 북악산 자락에는 대기업 개발사에 의해 외교관 관사와 성북동 부촌이 개발되었다. 1990년대에는 돈암동 산꼭대기에 대규모 아파트단지가 들어섰다.

성북구는 '돈암 지구' 개발과 1960년대 주택지 개발로 만들어졌다고 해도 과언이 아니다. 근현대 도시 서울은 정부 주도로 도심 주변의 토막촌(빈민촌)을 개발하며 확장되었고, 도시 계획은 토지의 효율적 활용에 초점을 맞춰 이루어졌다. 물리적 도시를 만드는 데 집중한 것이다. 시민은 도시를 '만드는' 공동의 주체가 아니라 '주어진' 도시에 사는 소비 주체일 뿐이었다. 성북 역시 마찬가지였다. 법적으로는 1973년에 현재의 성북구가 되었지만, 내용적으로는 이제서야 시민이 도시를 만드는 공동의 주체가 되어 '공동의 작품'을 만들어 가고 있다. 비로소 다른 곳과 구별되는 특정한 고유명사 '성북'이라 부를 수 있게 된 것이다.

스스로 문을 열 수도 닫을 수도 있는
_감옥과 집

　대규모 개발로 인한 강제 이주와 강제 철거로 성북구 지역은 도시 경관뿐만 아니라 이곳에서 살아가는 사람들도 빠르게 바뀌었다. 산자락의 무허가 산동네와 공급 위주의 대규모 주택지 개발로 광장, 공원, 놀이터 등의 공공 공간은 찾아보기 어렵고, 차량 진입조차 어려운 주택가가 많다. 이런 이유로 열악한 주거환경에서 살던 주민들은 재개발로 쫓겨나야 하는 상황에 처하는 경우가 많다. 물리적 환경 개선에 치중된 시혜적 도시 정책은 서민들을 공공 공간에서 배제시키고 도시의 수동적 소비 주체로 만드는 결과를 초래했다.

　성북구 문화공간들의 위치를 보면 이런 실태가 잘 드러난다. 아리랑고개 정상의 아리랑시네센터와 아리랑도서관, 천장산 자락의 성북정보도서관, 미아리고개 교각 아래의 미아리고개예술극장, 동선 고가도로 아래의 미인

문화와 예술, 마을을 만나다

도, 북악산 자락의 성북도원, 산꼭대기 아파트 단지 속의
여성구민회관 등 접근성이 떨어지는 공공 공간이 많다.
이조차도 대부분 2000년대 들어 만들어진 공간들이다.

> "공공 공간에서 추방된 사람들과 사회의 항쟁은 사회가
> 추방된 사람들을 적절하게 다루고 있는가 하는 문제와
> 는 관계가 없다. 문제는 단적으로 추방된 사람들it or he
> 이 현실적인 존재인가에 있다. 사회가 추방된 사람들에
> 게 줄 수 있는, 그리고 현재 주고 있는 최대한의 고통은
> 그로 하여금 자기 존재의 현실성과 존재 의의를 의심하
> 게 하여, 그를 그 자신이 보아도 비실재non-entity의 위치
> 로 환원하는 것이다."[°]

"도시에 대한 권리는 사이비 권리, 또는 그저 주어지는
권리가 아니다. 도시에 대한 권리는 함성과 요구 같은
것이다. 이런 투쟁을 통해 집단적 작품으로서의 도시가
만들어진다. 그리고 새로운 거주 양식, 새로운 삶의 양
식이 발명된다. 도시에 대한 권리는 자본주의가 만드는

[°] 한나 아렌트, The Jew as Pariah: A Hidden Tradition, In Jewish Social Studies, NO.6, 1944, P.114. 사이토 준이치(윤대석, 류수연, 윤미란 역), 『민주적 공공성』 이음, 2009. 15쪽 재인용.

추상 공간의 헤게모니에 저항하는, 차별화된 공간을 생산하는 투쟁이다. 따라서 도시에 대한 권리 투쟁은 공간을 생산하는 권리에 대한 투쟁이다"∘

도시의 주인은 시민이다. 부촌에 살거나 빈촌에 살거나 시민으로서 권리의 차이는 없다. 건물주나 세입자나 시민으로서 권리의 차이는 없다. 도시에서 쫓겨나지 않는 것도 도시를 전유하는 것도 시민의 권리다. 정부나 대기업 개발사에 의한 대규모 개발이 아니라 시민들 스스로 도시를 지키고 가꿔 갈 수 있어야 한다.

프랑스의 철학자 앙리 르페브르Henri Lefebvre는 1968년『도시에 대한 권리』라는 책을 통해 현대사회가 도시적 삶으로 전환되었고, 따라서 이전의 국가 중심의 인권과 헤게모니에서 도시 중심의 인권과 헤게모니로 전환되어야 한다고 주장했다. 이는 현재 유엔에서 '도시권 선언' 등을 통해 각 국가에 권고할 만큼 보편적 가치가 되었다.

실제로 자본주의적 개발 중심의 도시는 사람들을 공공 공간으로부터 배제하는 방식으로, 그리고 공공 공간

∘   돈 밋첼, The Right to the City: Social Justice and the Fight for Public Space, 2003, P28~29. 강현수 외, 『도시와 권리』 라움, 49쪽 재인용.

성북 문화자원 지도

정릉
예술마을

월장석
예술마을

장위
예술마을

석관
예술마을

미아리고개
예술마을

성북
예술마을

월곡
예술마을

삼선
예술마을

종암
예술마을

♫ 문화예술공간

1. 최만린미술관
2. 성북구립미술관
3. 거리갤러리
4. 동네소통공작소
5. 성북예술창작터
6. 성북구민/여성회관
7. 청년살이발전소
8. 아리랑시네센터
9. 미아리고개 하부공간-미인도
10. 미아리고개예술극장
11. 서울성북 미디어 문화마루
12. 문화공간이육사
13. 천장산우화극장
14. 성북어린이미술관꿈자람
15. 김중업 건축문화의 집

📖 도서관

1. 청수도서관
2. 서경로꿈마루도서관
3. 정릉도서관
4. 아리랑도서관
5. 아리랑어린이도서관
6. 해오름도서관
7. 이음도서관
8. 성북길빛도서관
9. 달빛마루도서관
10. 종암동새날도서관
11. 월곡꿈그림도서관
12. 장위행복누림도서관
13. 성북정보도서관
14. 석관동미리내도서관

을 사유화하는 방식으로 성장해 왔다. 따라서 도시권을 주장하는 돈 밋첼이나 앙리 르페브르의 말처럼 사람들 스스로 공공 공간을 생산하고 재생산하는 권리 투쟁이 필요한 상황이다.

웅장한 '감옥'에서 억압받으며 살 것인가, 누추한 '집'에서 자유롭게 살 것인가? '감옥'과 '집'의 차이는 내부에서 문을 잠글 수 있느냐, 외부에서 문을 잠그느냐에 있다. 문을 잠그는 주체가 '나'이면 집이고, '다른 이'이면 감옥이다. 도시의 문은 시민들 스스로 열 수도 닫을 수도, 열어 둘 수도 닫아 둘 수도 있어야 한다.

이권이 아닌 주권 행사
_자율과 타율

지금 내가 필요로 하고, 문화예술이 필요로 하고, 성북(도시)이 필요로 하는 것은 무엇이고, 어떻게 만들어 갈 것인가? 이것이 공유성북원탁회의가 지속적으로 고민하고 실험하고 있는 의제다.

"공동체Koinonia로서의 '폴리스'란 말은 공동체 내에서 상이한 행위를 통해 목적을 달리하는 이해 상관성을 지향하는 집단 형성을 의미하며, 이를 통해 공동의 것으로 묶여지고, 친애를 바탕으로 해서 정의를 실현하고, 삶의 궁극적 목적인 '행복'을 성취하기 위해 노력하는 정치적 공동체를 의미한다"°

농경사회에서 문화예술은 자연과 사람을, 사람과 사람을, 사람과 일을 연결하는 놀이였다. 현대사회에서도 그 근본적인 속성은 같다. 현재 한국은 인구 수로 나뉜 행정 단위로서 도시, 지역만이 존재한다. 시민은 도시를 만드는 능동적 생산 주체이기보다 수동적 소비 주체가 되었다. 문화예술인 또한 분야, 장르, 개인으로 개별화되면서 특정 시기, 특이한 상품을 제공하는 판매자가 되었다. 따라서 일상을 공유하는 공동체의 구성원도, 구성원 간의 연결고리가 되는 것도 어려워졌다. 도시를 함께 만들어가는 공동체의 구성원으로 문화예술인과 공동체의 연결고리로서 문화예술의 회복이 필요하다.

° 김재홍, 『아리스토텔레스 정치학』, 쌤앤파커스, 55쪽, 2018. 이 글에서 공동체는 헬라어 'Koinonia'로 사전적 의미는 '공유하다', '남과 함께 나누다'이고, 저자는 '공동의 일을 함께 나눔'이라는 의미로 사용하고 있다.

"예술의 삶은 정확히 말하면 왕복운동하는 것, 곧 타율성에 맞서 자율성을 실행하고, 자율성에 맞서 타율성을 실행하고, 예술과 비예술 사이의 한 가지 연결에 맞서 다른 연결 방식을 수행하는 것이다" °

문화예술인들이 많이 모여 있는 공탁을 한마디로 규정하자면, '도시(마을)에서 함께 잘 놀기 위한 모임'이라 할 수 있다. 정기적인 모임의 절반은 만나서 노는 파티로 이루어진다. 일 년 중 가장 큰 행사는 '명랑 운동회'와 '공탁 엠티'로, 함께 모여 노는 것이다. 공탁 운영위원회에서 사업, 일 등을 논의할 때조차 "만나서 일만 할 거면 왜 만나?"라는 항의성 발언이 종종 나올 정도다.

이렇게 함께 잘 놀기 위한 공탁의 기초 중 하나는 '구성원 간의 수평적 관계'이고, 다른 하나의 기초는 '문화예술 활동의 자율성'이다. '놀이'는 잠자고, 숨 쉬고, 밥 먹는 등의 생존을 위한 필수 활동을 제외한 모든 신체적·정신적 활동을 의미한다. 따라서 '놀이'와 '일'을 엄밀하게 나누는 것은 어려운 일이다. 특히 창작 활동을 주로 하는 문

문화와 예술, 마을을 만나다

208

°   자크 랑시에르, 진태원 역, 「미학 혁명과 그 결과(자율성과 타율성의 서사 만들기)」, 『뉴레프트리뷰』, 길, 492쪽, 2009.

동구여중 체육관에서 열린
공탁의 '명랑 운동회'

화예술인에게 자발성, 자율성은 매우 중요한 근간으로, '일'과 '놀이'의 경계는 더욱 그렇다. 이것이 공탁이 도시의 주인으로 도시를 기획하고 만들어 갈 수 있는 힘이다.

공탁은 지역과 공간에 대해 상상했고, 함께 놀 공간을 개간해 왔다. 하지만 현재 도시는 과도한 사유화로 개별화되고, 공공 공간은 관 주도로 계획되어 시민들은 자기 생활권 내의 공간조차 가까이하기 어렵다. 애초에 알지 못하는 공간도 많다. 도시를 만드는 주체로 스스로를 인식하고 있지 않기 때문에 도시 공간에 대한 관심도 자체가 매우 낮은 편이다.

공탁 사람들은 방치된 공간을 어떻게 활용할 수 있을지 상상하기 시작했다. 사업비가 주어질지도 확실치 않았지만 오랜 논의를 거쳐 공간의 활용 방향을 정하고, 하나하나 순차적으로 공간을 만들기 시작했다. 각자 시간과 애정을 쏟으며 몇 개월씩 논의하고, 스스로 지역의 의제를 찾아 그에 맞는 필요한 공간을 만들어 왔다. 때로는 계속 논의만 했고, 때로는 공간이 사라지기도 했고, 때로는 용도가 폐기되기도 했지만 공탁은 공동의 자원으로서 다양한 공간들을 만들어 왔다.

한 달에 한 번 공탁의 전체 모임은 성북구 지역의 공

공 공간과 공탁 구성원들의 공간을 돌아가면서 열린다. 특히 돈암동 공유서가, 성북동 성북도원, 동선동 미인도와 미아리고개 예술극장, 월곡동 천장산우화극장, 동소문동 성북예술가압장 등은 성북구, 성북문화재단과 협치를 통해 활성화하거나 조성한 공간들로, 유휴공간일 때부터 공탁이 꾸준히 활용해 온 공간들이다. 행정구역 내에 사는 사람 정도로 규정된 주민이 아니라 함께 즐기고 나누는 마을주민, 함께 만들어 가는 도시의 주인으로서 권리를 행사한 셈이다. 단순히 공간을 차지하기 위한 이권 행사였다면 불가능했을 일이다.

모두의 것이기에 내 것이기도 한
_사유와 공유

창작 활동은 문화예술인에게 생활이다. 이들에게 도시(마을)에 대해 고민하고, 공간에 대해 상상하는 것은 그 자체로 즐거운 창작 활동이었을 것이다. 이는 개인의 자발성과 자율성에 근간한 행위이지만, 곧 함께 사는 도시를 만들어 가는 일을 스스로 즐기며 실천하는 것이기도 하다. 하지만 한국사회에서 '공익' 활동은 일반적으로 (행정) 공무원의 일로 인식되고 있어 긍정적으로만 평가되지는 않는다. 때문에 문화예술인들의 이런 활동은 자칫 공유공간의 사유화로 보이기도 하고, 지역과 공간 활성화를 위한 방편으로 이용되기도 한다.

호혜성으로 연결된 공간을 만드는 활동을 통해 공유성북원탁회의는 '도시 커먼즈Urban Commons'를 형성해 가고 있다. 공동자원을 함께 이용하고 가꾸기 위해 자율적 규칙을 정하는 등 각자가 책임을 다해 만들어 가는 과정Commoning이 '커먼즈' 형성의 핵심이다. '규칙을 만드는 사람'인 동시에 '규칙을 지키는 사람'이고, '지배하는 자'인 동시에 '지배당하는 자'로서 호혜를 기반으로 하는 자치의 원리이다.° 도시를 만드는 주체로서 스스로 공동자원을 지키고 생산하는 법을 실현하는 것이다. 따라서 공탁의 일련의 행위들은 '도시 커먼즈'를 구현해 가고 있는 과정Commoning이라고 할 수 있다.

우리는 성북이라는 도시(마을)에서 함께 축제도 벌이고, 공부도 하고, 파티도 하고, 공간도 만들고, 공연과

°   정기황, 「커먼즈(Commons)」, 《생협평론》, 170–171쪽, 2019년 봄 제34호.

전시회도 열고, 집회도 하면서 논다. 그러는 동안 우리의 도시(마을)가 만들어졌다. 스스로 즐거움을 찾고 행위하는 '놀이'는 느리고 느슨하지만, 지속적이며 단단한 공탁의 힘의 근원이다. 모두의 것이기에 누구의 것도 아닌 도시가 아니라, 모두의 것이기에 내 것이기도 한 도시를 구현하기 위해 노력하고 있다. 이런 의미에서 성북구청도, 성북문화재단도, 공탁도 모두 '내 것'이다. 공탁의 구성원들 각자에게 성북이라는 도시(마을)는 내가 만들어 가는 나의 놀이터다.

'모두'를 위한 문화예술에서

'누구나'의 문화예술로

공탁의 유산과 과제

이종찬(제이)

독립연구기획자. 대학(원) 영문과에서 문예비평 및 이론을
공부하고, 비판적 문화연구 집단 '문화사회연구소'에서
활동했다. 성북 문인사(文人史) 기획전 기획자, 인천
디아스포라영화제 자문위원 등의 직을 맡고 있다.
경계 위에 놓인 사람들, '디아스포라'의 문학과 예술에
큰 관심을 가지고 있다.

성북 그리고
공탁과의 만남

나는 서울시 자치구 중 하나인 성북구에 살고 있다. 2017년 1월에 성북구 정릉동으로 들어왔으니 올해로 4년 차에 접어들었다. 당시 살고 있던 집의 전세 계약 기간이 만료되어 내 의지와는 상관없이 집을 비워야만 하는 상황 이었는데, 새 거주지가 반드시 성북이어야 했던 건 아니 다. 대부분의 서울 사람들이 그러하겠지만 나 역시 갖고 있던 전세 보증금과 원하는 집의 조건 사이에서 가능한 한 최상의 균형점을 찾고자 노력했고, 그 현실적 타협점 이 아무런 연고도 없던 이곳 정릉貞陵이었을 뿐이다. 이상

217

하게 들리겠지만 마을의 한복판에 무덤陵이 자리하고 있다는 것도 나에게는 거부할 수 없는 은밀한 매력이었다. 삶과 죽음의 문제에서 나는 언제나 후자 쪽에 마음을 빼앗겨 왔다. 우연과 필연의 여러 교차점을 거쳐 그렇게 나는 성북구의 주민이 되었다.

4년이라는 시간 동안 용케 한곳에서 잘도 버텼다는 생각이 먼저 든다. 그래서일까? 언제부터인지는 잘 모르겠지만, 땅을 내려 밟는 발바닥의 감각과 주변 풍경을 담아내는 눈의 감각이 이곳에 막 전입해 들어왔을 즈음과 비교하여 사뭇 달라졌음을 눈치채고 있다. 무려 10년도 넘게 살았던 이전 동네에서는 미처 느끼지 못했던 감각이다. 그동안 나는 성북에서 무엇을 경험했던 것일까?

2019년 겨울의 초입 무렵, 뜻밖의 요청을 받았다. 성북의 대표적 민·관 문화협치기구 '공유성북원탁회의'의 구성원 '콜라'(박현진)로부터 온 연락이었다. 마주한 자리에서 그는 나에게 그간 공탁이 거쳐 온 시간과 성북의 문화예술 활동 경험을 중간 정리하고 외부와 공유하는 의미에서 한 권의 책을 엮고자 하는데, 이 책의 기획과 편집 역할의 한 축을 맡아 달라고 정말이지 느닷없이 말했다. 제안을 듣자 당혹감이 먼저 들었다. 이 일을 왜 하필 나에게? 무엇보다 나는 공탁의 구성원이 아니었으므로 공탁의 내부 사정에 대해 실질적으로 아는 것이 없었다. 그저 한 사람의 지역주민으로서 그동안 그들의 활동을 어깨너머로 슬쩍슬쩍 보아온 것이 전부였을 뿐이다. 완곡하게 거절 의사를 표했다. 내 능력 밖의 일이라 생각했기도 하거니와 이런 작업은 공탁의 사정을 잘 아는 내부자가 맡아 진행하는 것이 순리라고 판단했던 것이다.

하지만 콜라는 내가 가진 독특한 위치성을 거론하며 나를 설득했다. "당신은 공탁의 멤버는 아니지만 그렇다고 공탁과 무관한 이도 아니다. 그동안 성북이라는 지역의 안과 밖에서 나름의 문화예술 활동을 진행하면서 공탁의 구성원들과 그들의 활동을 간접적으로 접해 오지 않았느냐. 온전한 내부자가 아니라, 당신과 같이 내부도 외부도 아닌 제3의 경계적 위치에서 바라본 객관화된 공탁의 모습을 기대하고 있다. 상당 부분 나름의 성과를 대외적으로 널리 인정받고 있는 공탁이지만, 이 책이 시중에 허다한 또 하나의 성공 스토리 정도로 소비되지 않기를 소망한다." 콜라의 논지가 정확히 이러했었는지는 확실치 않으나 그와 이야기를 주고받으며 적어도 나 스스로는 이렇게 정리가 되었다. 안이 아닌 밖에서 보았을 때 의

외로 더 많이, 그리고 더 정확하게 보이는 것들이 분명 존재하는 법이다. 결국 나는 그의 제안을 수락하기로 했다. 어쩌면 내 안에 이미 공탁에 대해 좀 더 알고 싶은 일말의 호기심 내지는 궁금증이 자리하고 있었는지도 모르겠다.

비판적 시각에서 문예비평 및 이론을 공부하며 활동해 온 나에게 한 가지 선입견이 다소 느슨하게 자리 잡고 있었음을 솔직히 고백해야겠다. 그것은 지금의 글로벌 시장 자본주의 체제 속에 위태롭게 자리한 문화예술의 어떤 경향성과 관련된 것인데, 정리하자면 다음과 같다. '일상생활 속에서 대중들이 누리고 있는 문화예술 활동이란 것이 실은 자본주의 질서가 전방위적으로 강제한 피로감을 한시적으로 위안하는 역할 정도에 그치고 있는 게 아닌가.' 철학자 박준상은 언젠가 이를 가리켜 '주말의 여흥'이라는 인상적인 표현으로 간파해 낸 적이 있다. "예술은 다만 일요일에 필요한 여흥 또는 교양인가, 아니면 삶에서 요구되는 어떤 절실한 것인가?"○

하지만 이는 어디까지나 일반론일 뿐 공탁의 활동이 실제 그러한지 여부에 대해 나는 아는 바가 거의 없었

○   박준상, 「언어와 예술의 관계—니체로부터」, 『빈 중심—예술과 타자에 대하여』, 그린비, 2008

다. 때문에 콜라의 이 뜻밖의 제안은 어쩌면 나에게 그동안 베일에 싸여 있던 공탁과 그들의 활동을 지근거리에서 살펴볼 기회를 우연치 않게 제공해 주는 것이기도 했다. 공탁이라는 하나의 사례 앞에서 나의 선입견은 확증될 것인가 아니면 논파될 것인가. 곰곰이 생각해 보면 그것이 궁금했던 것 같기도 하다.

공탁에는
뭔가 특별한 것이 있다

그렇게 나는 새내기 회원으로 공탁에 발을 들이기 시작했다. 정기 모임은 매월 1회 열리는데, 때마침 해가 바뀐 시점이라 2020년의 새로운 운영위원진 선출을 앞두고 있는 시기였다. 공탁은 내부 운영원리로 '자발성'을 중요한 가치 중 하나로 여기고 있는 만큼 자천自薦으로 운영위를 구성하고 있음을 나는 익히 들어 알고 있었다. 나는 내친 김에 운영위원까지 자원하기에 이르렀다.

등장과 동시에 초고속으로 운영위원까지 되어 자리를 함께한 2020년 첫 공탁 운영회의 모임에서 기억에 남는 장면이 하나 있다. 그날 공탁 운영위원들은 공탁 내에 별도의 사무국을 두어 운영할지 여부를 둘러싸고 여러 가지 상반된 논의를 주고받았다. 이제까지의 경험에 비추어 보았을 때 원활한 운영을 위해 공탁에 사무국이 필요하다는 입장과, 반대로 그렇게 될 경우 건강한 자발성에 근거해 온 공탁 활동이 자칫 사업화 모델에 빠져 형해화되어 버릴 우려가 있다는 서로 다른 의견들이 현장에서 실시간으로 오갔다. 알고 보니 사무국 설치를 둘러싼 논의는 이미 몇 해 전부터 공탁 내에서 조금씩 거론된 바 있는 논점으로, 이번이 처음은 아니었다. 오래된 문제의식에 기반한 화제인 만큼 서로의 상이한 입장이 뾰족이 각을 이룰 만도 했으나 공탁 구성원들은 절도 있는 숙의 과정을 통해 양자의 견해 차를 솜씨 좋게 조율해 나가는 모습을 보여 주었다. 공탁에 적절한 자기조절 및 통제 기능이 민주적으로 작동하고 있음을 짐작케 하는 장면이었다.

이와 관련된 인상적인 에피소드가 하나 더 떠오른다. 이 책의 기획자로서 나는 틈틈이 공탁의 여러 구성원들과 일대일로 만나 이야기를 나누었는데, '공탁의 막내'라 불리는 '로마노'(송현우) 역시 그중 한 명이었다. 20대인 그의 문제의식은 분명했다. "왜 나는 오랫동안 공탁의 변함없는 막내인가?" 처음에 이 말을 들었을 때는 다소 의외였다. 연령주의에 근거한 위계적 조직 문화가 공탁에도 어김없이 자리하고 있는 것일까? 결과적으로 그건 나의 오해였는데, 그의 목소리가 담고 있는 속내는 그게 아니었다. "언제부터인가 공탁에 새로운 사람들의 발걸음이 뜸해졌다. 자신과 같은 20대 청년세대의 유입도 끊어졌다. '개방성'을 중요한 가치로 여기고 활동하고 있는 우리의 의도와는 다르게 현재 공탁의 문이 폐쇄적으로 작동하고 있는 것은 아닐까" 하는 일종의 자아비판이었다.

하지만 이에 대해서는 논리적으로 반론도 가능해 보였다. 가만히 듣고 있던 나는 그에게 슬쩍 물어 보았다. "공탁이 새로운 얼굴들을 들어오지 못하게 밖으로 밀쳐 내고 있는 게 아니라 그들이 이곳에 관심이 없거나 모르는 것이라면?" 그러나 이에 대한 로마노의 입장은 분명했다. 설사 그렇다 하더라도 새로운 사람들이 들어올 때까지 그저 손을 놓고 기다릴 것이 아니라 그들이 자유롭고 편하게 드나들 수 있도록 공탁이 스스로의 환경을 가꿔 나가야 한다는 것, 그 또한 엄연히 공탁의 역할과 책임이라는 것이었다. 성북의 문화예술 자원을 기반으로 활동하고 있는 만큼 공탁이 어느 특정한 개인이나 그룹만의

것이 아니라 모두에게 열린 공유지共有地, commons여야 함을
분명히 자각하고 있는 로마노의 모습이 인상적이었다.

돌이켜보면 개인적으로 성북 문화예술판의 기운이
뭔가 좀 다르다고 느낀 최초의 계기가 있었다. 성북으로
처음 이사해 들어온 2017년이었던 것으로 기억한다. 젊
은 소장파 연극인들이 주축이 되어 대학로에서 진행해 왔
던 연극 축제 '화학작용'이 그해에는 처음으로 성북의 지
역극장 '미아리고개예술극장'과 고가도로 아래 복합문화
공간 '미인도'에서 열렸다. 극장 옆에 자리한 작은 공원에
서 상연되는 야외극 프로그램도 있었는데, 우연히 이 극
을 보게 된 나는 신선한 충격을 받았다. 〈페미리볼버〉(김
슬기 작·연출)라는 타이틀을 단 이 작품의 시놉시스는 다음
과 같았다.

"한국에선 김치녀 색출작전 명령이 떨어지고 '개념녀 만
들기 세뇌 방송'이 매일 울려 퍼진다. 무수한 여자들이
김치녀로 낙인찍혀 수용소에 끌려 들어온다. '여자들'은
목소리가 지워지지 않기 위해 계속해서 외친다. 그러나
기울어진 운동장의 우위에 선 '남성성'의 확성기 소리는
'여자들'의 목소리를 끊임없이 지운다. 여성해방단체 '김

치녀 레볼루션' 단원인 '작가 김슬기'는 숱한 여성들의 죽음 앞에 상복을 입고 페미니즘 연극을 만든다. 여러분이 보고 있는 이 공연은 '작가 김슬기'의 머릿속 악몽이다."

당시 내가 놀라움을 느꼈던 대목은 이 극이 여성주의적 입장에서 쓰여진 급진적인 작품이라는 것과 관련되어 있다. 그냥 페미니즘이 아니라 도발적인 BDSM° 의상과 플레이를 전면에 내세운 작품을 실내도 아닌 야외에서 아무렇지도 않다는 듯이 상연하고 있었다.

미아리고개예술극장과 같은 지역극장에서 페미니즘과 BDSM이라는 '논쟁적인' 주제를 정면으로 다룬다는 것의 보이지 않는 이면에는 사실 꽤나 복잡하고도 민감한 문제들이 결부되어 있을 것이다. 지역극장 관계자에는 극장을 운영하는 주체 외에도 극장을 관리 감독하는 구청, 그리고 양자의 입장을 중간에서 조율해야 하는 지역 문화재단 또한 존재한다. 다시 말해 지역극장에서 이처럼 도발적인 페미니즘 극을 무대에 올리는 데에는 이들 사이에 결코 쉽지만은 않았을 합의 또는 최소한의 암묵적 동의

225

° 신체결박(bondage), 훈육(discipline)과 지배(dominance), 복종(submission), 그리고 사디즘(sadism, 가학성애)과 마조히즘(masochism, 피학성애)의 머리글자를 딴 약어.

가 필요했을 것이고, 이들 눈에 보이지 않는 프로세스가
최종적으로 하나의 매듭점으로 작용하여 〈페미리볼버〉
라는 한 편의 극을 관객에게 선보일 수 있었을 테다. 이제
막 새로운 주민으로 터를 잡게 된 성북이라는 지역이 꽤
나 흥미로운 곳일 수 있겠구나 싶어 그날 공연을 보고 돌
아오는 길에 나는 아무래도 살짝 달아올랐던 것 같다.

'모두'를 위한 문화예술?

앞서 페미니즘을 두고 '논쟁적'이라는 표현을 썼지
만, 이것은 과장이 아니라 언젠가 내가 직접 두 귀로 들었
던 말이다. 여성주의적 시각을 주제로 한 기획을 두고 지
역의 어느 문화예술 기관이 난색을 표했던 이유가 '페미
니즘은 논쟁적인 이슈'이기 때문이었음을 나는 기억하고
있다. 이른바 '공공성'을 강조하는 기관일수록 이런 경향
이 두드러지는 듯 보이는데, 여기에는 '공공성'이라는 개
념이 가진 애매성 및 모호함이 결정적으로 작용하는 것이
아닐까 싶다.

국어사전에서 '공공성公共性'이라는 단어를 검색해 보

면 다음과 같은 뜻풀이가 달려 있다. "한 개인이나 단체가 아닌 일반 사회 구성원 전체에 두루 관련되는 성질." 여기서 '일반 사회 구성원 전체'라는 말은 문화예술이 '모두'를 위한 것이 되어야 한다는 가치지향성과 자연스레 연결되고, 이로써 '모두를 위한 문화예술'이라는 민주적인 모토가 타당한 설득력을 갖게 된다. 여기에는 그동안 문화예술이 소수의 예외적인 개인들(전문인)을 위한 전유물로 기능해 왔다는 중요하고도 정당한 문제의식이 담겨 있다.

그런데 언제부턴가 이 '모두'라는 말이 보기보다 간단치가 않다는 생각이 들기 시작했다. 페미니즘의 취지와 문제의식에는 개인적으로 공감한다고 말하지만, 그것이 이른바 '논쟁적'인 주제라는 이유로 '모두를 위한 문화예술'의 우선순위에서 부드럽게 탈락해 버린다면? 이 작은 에피소드 하나가 나에게는 결정적인 각성의 계기가 되었다. '모두'가 도대체 누구지? '모두'를 만족시킬 수 있는 문화예술이란 것이 과연 존재하나? 머릿속에서 이와 같은 의문들이 어지러이 교차했지만 내 생각의 흐름은 마땅한 출구를 찾지 못한 채 그 언저리 즈음에서 중단되곤 했다. 아직은 스스로의 힘으로 이 문제를 온전히 돌파해 내는 것이 버겁기만 했다.

그러던 와중에 2019년 11월 성북구에서 열린 지역 문화협치 컨퍼런스 자리에 참석하게 되었다. 공탁이 아시아 최초로 세계지방정부연합United Cities and Local Governments, UCLG 국제문화상을 수상한 것을 기념하여 마련된 자리였다. 패널 중 한 사람이었던 연극연출가 구자혜가 청중을 상대로 자신의 발언을 소화하고 있던 도중에 돌연 어떤 표현 하나가 내 귓속으로 육박해 들어왔다. 바로 '사회적 재난'이라는 어휘였다. 그는 우리 시대의 재난들을 '자연적'인 것이 아닌 '사회적'인 문제로 파악하고 있었다. 2014년 세월호 참사에 대한 이야기 또한 그 자리에서 언급되었던 것 같은데, 그는 '세월호'라는 이름으로 상징되는 '사회적 재난'의 시대에 자신이 연극으로 할 수 있는 일들을 오랫동안 고민해 왔던 듯했다. 그를 그 자리에서 처음 보았을 뿐이었지만, '재난'이라는 말로 재난의 원인과 실체를 대충 애매모호하게 얼버무리는 대신 그 앞에 '사회적'이라는 말을 기어이 박아 넣어 자신의 입장을 분명히 표명하는 모습에 호감이 갔다.

그의 모습을 지켜보면서 나는 다음과 같은 질문과 차분히 마주해 볼 수 있었다. 지역 및 마을의 문화공동체는 사회적 재난과 같은 주제의 문화예술 기획을 끌어안을 수 있을까? 이 또한 논쟁적이라는 이유로 배제돼 버릴 위험은 없는 것일까?

그즈음 그가 몸담고 있는 극단 '여기는 당연히, 극장'은 미아리고개예술극장(미고개극장)에서 한 편의 연극을 무대에 올렸던 터였다. 영국 작가 니나 레인Nina Raine 원작의 〈Tribes〉가 그것으로, 한 청각장애인이 처한 언어적 소외 문제를 다룬 작품이었다. 장애인을 다루고 있는 만큼 그들을 소재주의적으로 착취하거나 대상화하는 우를 범하지 않기 위해 준비 과정에서부터 수어통역사가 함께했을 뿐 아니라 관련 워크숍 및 농인과의 만남 과정을 진행했다고 들었다. 미고개극장과 미인도 공간이 위치한 동선동 일대에서 주로 활동하는 '하마귀'(하장호)가 나의 감상평이 궁금하다며 추천해 준 작품이기도 했다.

'장애인'이라고 하는 '불편한' 주제의 작품을 지역에서 올린다는 것이 실제로 의미하는 것이 무엇일지 나는 궁금해졌다. 질의응답 시간에 그에게 더듬거리는 목소리로 질문해 보았다. 지역극장에서 사회적 재난을 주제로 한 작품을 올린다는 것에 대한 부담감이나 어려움은 없는지, 그리고 작품을 선보였을 때 관람객들로부터 어떤 구체적인 피드백을 받았는지 들어 보고 싶었다. 하지만 그날 현장에서 내 질문의 의도는 그에게 온전히 전달되지는 못한 듯 보였다. 아니면 그의 답변을 내가 잘 이해하지 못했을 수도 있다.

소통에는 실패했지만 당시 그 자리에서 내가 구자혜 연출과 함께 이야기 나누고 싶었던 건 '문화예술의 부정성'이라는 주제와 관련한 것이었다. 어떤 문화예술은 수용자들을 조금 색다른 의미에서 불편하게 만든다. 그런데 그것은 그냥 불편한 수준에서 그치는 것이 아니라 우리로 하여금 그 '불편함'이라는 감각의 속살에 대해 다시 한번 생각해 보게 한다. 그때 불편함은 단순히 불편함의 층위를 넘어 새로운 사유와 감각을 위한 마중물이 된다. 다만 이 특별한 의미의 '불편함'(부정성)을 지역의 주민과 문화예술인들은 기꺼이 감당해 낼 수 있는 것일까.

혹자는 말한다. 생활과 생존의 위기가 일상화된 시대에 사람들의 숨통을 터 주는 것이 바로 문화와 예술이 아니냐고. 현실이 이미 벌써 지옥인데 문화와 예술의 영역에서조차 또다시 아프고 불편해야 하느냐고. 다시 말해, '부정적'이어야 하느냐고. 이와 같은 입장을 견지한 이들은 지역의 문화예술이 위기에 처한 우리의 일상과 생활의 영역을 (부정적인 것이 아니라) '긍정적으로' 가꾸고 복원하는 수준에서 작동하기를 소망한다. 여기에는 신자유주의 시장경제 체제 하에서 우리 주변의 생활세계가 심각한 수준으로 파괴되었다는 진단과 위기의식이 정당하게 반영되어 있다. 그러나 일상의 회복을 위한 '긍정성'의 에너지가 문화예술에서 필요조건을 넘어 충분조건이 될 수 있을까. 이를테면 '세월호'와 '장애인'이라는 '부정성'을 정면에서 마주하지 않고 우회하거나, 심지어는 괄호 속에 넣어버리는 문화예술은 무엇일까?

나, 너 그리고 그(들)

소설가 김훈이 쓴 '셋'이라는 산문이 있다.° 하늘을 날아가는 새들의 풍경으로 시작하는 이 짧은 산문은 '좋은 공동체란 무엇인가'라는 질문을 향해 나아간다.

새는 처음에 한 마리다. "혼자서 날아가는 새는 저 혼자서 바다 전체를 감당하려는 듯하다. 한 마리의 새는 바다 전체와 대치하고 있다." 그리고 홀로 날아가던 새 옆

° 김훈, '셋', 『라면을 끓이며』, 문학동네, 2015

에 다른 한 마리가 함께 한다. "새 두 마리는 관계를 형성하고 있다. 두 마리가 날아갈 때 '너'와 '나' 같은 인칭이 발생하고 비로소 언어라고 할 만한 것들이 발생한다." 그리고 마지막으로, 한 마리가 더 더해져 세 마리가 되는 것에 저자는 방점을 찍는다. "세 마리의 새가 날아갈 때, 이 세계의 관계망은 완성된다. 세 마리는 '너'와 '나'와 '그'를 이룬다."

'하나'라는 숫자는 1인칭 '나'의 세계다. '너'라는 2인칭도, '그(들)'라는 3인칭도 여기에는 존재하지 않는다. 그러다 '하나'가 '둘'이 되면서, 즉 '나'가 '너'를 만나면서 비로소 관계라는 공유공간이 열린다. 그 둘을 대면對面 또는 면식面識 공동체라고 말할 수도 있겠다. '둘'의 공동체는 서로 아는 이들만을 안다. 모르는 이들은 알지 못한다. 그러나 그 둘이 알지 못하는 이들이라고 해서 '나'와 '너' 그 바깥의 존재들이 사라지는 것은 아닐 것이다. 그리하여 '둘'은 '셋'이 되어야 한다. '셋'은 '둘'이 모르는 이들까지 자신의 세계 안쪽으로 편입시켜 공동체의 외연을 확장하게 되는데, 이로써 말의 가장 바른 의미에서 '우리'(공동체)라는 말이 완성된다.

다만 '우리'라는 개념은 적지 않은 경우 모호하고 불

분명하게 쓰이곤 한다. '나'와 '너' 1~2인칭의 세계를 의미하는 경우가 많거나('우리가 남이가!'), 심한 경우엔 사실상 1인칭 '나'의 세계에 불과한 것을 때깔 좋게 위장하거나 정당화하는 알리바이로 오용되기까지 한다('다 너한테 좋은 거야'). 결국 어느 쪽이 되었든 '나'와 '너'의 영역 너머, '그'라는 3인칭의 세계를 교묘하게 누락시켜 버리고 마는 것이다. 그러니 김훈 선생의 어법을 빌어 말하자면, '우리'는 하나도 둘도 아닌 '셋의 공동체'에 다름 아닌 것이어야 하지 않을까. "이 세상은 [새] 세 마리로 구성돼 있다. 그러나 새 세 마리는 따로따로 혼자서 날아가는 새들이다. 하나됨을 잃지 않고 셋을 이루는 세상이 좋은 세상일 것이다."

지난 2020년 2월 공탁 운영위 모임 자리에 나는 하나의 안건을 들고 가 공유했다. 얼마 전 발생한 '성북구 네 모녀 사건'에 대한 것이었다. 2019년 11월 성북구 다세대 주택에 살던 네 모녀가 숨진 채 발견됐다. 남겨진 A4 한 장 분량의 유서에는 "힘들었다. 하늘나라로 간다"라는 내용이 포함돼 있었다고 한다.° 2014년 2월 송파구 세 모녀,

233

2019년 1월 서울 중랑구 모녀, 같은 해 7월 관악구 탈북 모자 사건에 연이어 발생한 비극이었다. 그 자리에 참석한 운영위원들에게 나는 이 사건과 관련하여 공탁 차원의 대응이 어떤 형식으로든 있으면 좋겠다고, 함께 고민해보자고 제안했다.

공탁의 동료들은 나의 목소리에 함께 귀를 기울여 주었다. 당시 내가 초보적인 수준으로나마 염두에 두고 있었던 건, 사건이 발생한 성북동의 어느 적당한 야외 장소에 일종의 예술적 기념조형물(모뉴먼트; monument)을 한시적으로 설치해 보면 어떨까 하는 것이었다. 문화다양성을 주제로 한 성북의 대표적인 거리축제 '누리마실'이 떠올랐다. 하지만 곧이어 터진 코로나19 집단감염 사태로 인해 이 기획은 미래를 기약하기 어렵게 되었다.

하지만 네 모녀의 비극은 시간의 흐름 속에서 바래지거나 사라지지 않은 채 나의 기억에 오래도록 남았다. 가난과 빈곤을 비극의 원인으로 지목하는 '경제 결정론'이 여기저기에서 제기되었지만 나는 이 진단을 부정하지는 않으나 온전히 끌어안지도 못했다. 비극의 원인을 사회나 공동체 차원이 아닌 개인의 능력주의 프레임 안에 가두는 건 아닐까 하는 우려 때문이었다. 나의 눈길은 네 모녀(1

인칭의 세계)보다는 자꾸 그들 주변의 '곁'(2인칭·3인칭의 세계)으로 향했다.

　문화연구자 엄기호는 저서『고통은 나눌 수 있는가』에서, 고통의 당사자보다 그들의 '주변 세계'를 우리가 주목하고 염려할 필요가 있다고 분명한 어조로 말한다. "고통 그 자체의 원인이나 과정, 그리고 고통을 어떻게 다루어야 하는지의 문제는 내가 말할 수 있는 일도, 내 관심사도 아니다. (중략) 오히려 내가 주목하고 염려하는 것은 고통을 겪는 이들의 주변 세계다." 나는 무언가 숨통이 트이는 것을 느끼며 독서노트에 다음의 구절을 옮겨 적었다.

　　고통을 겪는 이들은 어떤 말로 주변 사람들과 소통하고 혹은 소통하지 못하면서 누구와 세계를 짓고 또 누구와의 세계는 부수고 있는가? 더 정확하게 말하면, 우리 사회에서 고통을 겪는 이들이 쓸 수 있는 언어로는 어떤 세계를 짓는 것이 가능한가. 혹 그 언어로 주변 세계를 짓는 것은 불가능하고 부수는 것만 가능한 것은 아닌가?

　엄기호가 쓴 이 문장들에 자꾸 시선이 향했던 데에는 '모두를 위한 문화예술'이라는 트렌드에 대해 내가 가진 일말의 미심쩍음과 무관하지 않아 보인다. 네 모녀는 역설적이게도 ('모두'라는 말의 보편성·전체성에도 불구하고) '모두'의 멤버십에 포함되지 못한 채 공동체의 바깥으로 튕겨 나가고 말았다. 사회인류학자 김현경은 "사람이 된다는 것은 자리/장소를 갖는다는 것이다. 환대는 자리를 주는 행위이다"°라고 썼다. 그렇지만 네 모녀는 성북이라는 물리적 '공간'에 거주하고 있었음에도 끝내 사람의 '자리'는 갖지 못했다. 우리의 공동체가 자리를 내어 주지도 환대하지도 못한 네 모녀를 뒤늦게나마 우리의 방식으로 기억하고 추모할 수는 없을까. 엄연히 한 마을에 존재하고 있음에도 우리가 인지하고 있지 못한 또 다른 '성북 네 모녀'들은 또 얼마나 될까.

'누구나'의 문화예술

구립 성북정보도서관 내 '천장산우화극장' 공간을 기반으로 활동하고 있는 '월장석친구들'은 2020년 6월, 지

°   김현경, 『사람, 장소, 환대』, 문학과지성사, 2015.

역 문화예술 프로그램을 진행했다. 도서관이 위치해 있는 6호선 상월곡역 인근 '삼태기 마을'의 공간과 사람들 이야기에 집중한 복합 야외전시 및 공연 프로젝트였다.

이 자리에서 연극배우 '하성'(공하성)은 20년 넘게 한 자리에서 동네 세탁소를 운영한 아저씨의 숨은 이야기를 풀어냈다. 하성이 주목한 세탁소 아저씨에게는 '마라톤 아저씨'라는 또 하나의 자아가 있었다. '본캐보다 부캐'라는 요즘 신조어처럼, 이 아저씨는 '드라이클리너'로서보다 '마라토너'로서의 정체성이 훨씬 더 강해 보인다는 게 하성의 판단이었다. 60대의 나이에 마라톤에 입문해 6개월 만에 풀코스를 완주했을 뿐만 아니라 놀랍게도 그 기록이 3시간 안쪽(2시간 58분)이었다는 걸 보면 하성의 말에 수긍하지 않을 수 없다.

전시를 준비하는 과정 속에서 하성은 세탁소 아저씨가 마라톤에 쏟는 에너지의 성격이 연극배우로서 자신이 활동하는 모습과 본질적으로 다를 바가 없어 보인다고 말했다. "한 명의 예술가를 만나 작업한 기분이에요." 지나가는 말로 슬쩍 던진 하성의 이 한마디가 나에게는 하나의 중요한 돌파구가 되었는데, 나는 그것이 의미하는 바를 좀 더 구체적으로 규명해 보고 싶어졌다. 처음에 그

237

는 동네 세탁소 아저씨의 복장이 특이하게도 거의 언제나 마라톤 유니폼으로 고정되어 있다시피 한 모습에 주목하게 되었다고 한다. 마라톤 유니폼을 입고 세탁 일을 하는 아저씨의 모습에 호기심이 생긴 하성은 그 후 굳이 세탁할 필요가 없는 옷을 들고 세탁소를 드나들며 아저씨와 여러 차례 수다를 가장한 인터뷰를 가졌고, 그 과정에서 아저씨의 인생 이야기를 듣게 된다.

성북구 종암동, 장위동, 월곡동, 석관동 일대는 동대문 섬유제조업의 배후 지역으로 1980년대부터 봉제 공장들이 들어서기 시작한 역사적 배경을 갖고 있는 곳이다. 마라톤 아저씨는 여기서 처음 봉제노동자로 일을 하다가 삼태기 마을에 세탁소를 차리고 정착하게 되었다고 한다. 그리고 지금은 그 누구보다 열정적인 마라토너로서 인생의 또 하나의 챕터를 맞이하고 있는 중이다. 하성은 세탁소 아저씨에서 마라톤 아저씨로 이어지는 대화의 기록을 100쪽이 넘는 분량의 독립출판 서적으로 출간하기도 했는데, 나에게는 그것이 하성과 마라톤 아저씨 공동의 저작물로 보였다. "한 명의 예술가를 만나 (함께) 작업한 기분이에요."

흥미로운 건 '마라톤 아저씨' 전시가 펼쳐진 장소가

세탁소를 운영하시는 아저씨는

더운날이든 추운날이든 민소매에 반바지를 입고,

일광욕을 한다. 그리고 달린다.

난 아저씨를 '마라톤 아저씨'라 부른다

린다

마라토너로서 일상의 예술을 보여 준 세탁소 아저씨와
아저씨의 이야기를 작품으로 만든 예술가 공하성

바로 그가 일하고 있는 세탁소의 벽면이었다는 데 있다. 역시 '본캐'(드라이클리너)보다 '부캐'(마라토너)인 것일까. 누가 보아도 분명히 파이프로 보이는 그림을 앞에다 두고 사뭇 진지한 얼굴로 정색을 하며 '이것은 파이프가 아니다'라는 지적 농담을 시도한 어느 미술가의 이름이 떠올라 처음엔 입에서 미소가 배어 나왔다. 그런데 아저씨에게 이것은 그 자체로 자신의 중요한 존재 증명이자 선언이지 않았을까. '세탁소 아저씨'에서 '마라톤 아저씨'로의 결정적인 존재 전이! 그리고 그 선언이 마을의 지극히 평범하고 일상적인 공간 중 하나인 골목 벽면에서 이루어지고 있다는 점이 내게는 무엇보다 짜릿하게 다가왔다. 시인 김수영의 '메모지로서의 담뱃갑'이 연상되었던 탓이다.

1966년에 쓰여진 산문 「생활의 극복—담뱃갑의 메모」에서 김수영은 자신이 수첩을 지니고 다니기가 귀찮아 담뱃갑에 메모를 해두는 버릇을 갖고 있음을 술회한 바 있다. 메모의 내용은 다음과 같은 것이었다고 한다. '너무 욕심을 많이 부리면 도리어 역효과가 나는 수가 많

---

o 김수영, 「생활의 극복—담뱃갑의 메모」(1966), 『김수영 전집2 산문』, 민음사, 2003

으니 제반사에 너무 밀착하지 말라', '슬퍼하되 상처를 입지 말고, 즐거워하되 음탕에 흐르지 말라'. 그런데 여기서 우리가 주목해야 할 지점은 하나마나일 것 같은 저 메모의 내용이 아니라 메모를 적어둔 담뱃갑 자체에 있다. "그러니까 중요한 것은 이 평범한 진리보다도 이것을 적어두고 있는, 파지가 다 된 담뱃갑인 것이다." 김수영은 이 메모란 것이 사실 따지고 보면 '대단한 진리'도 아니지만, 그것이 다름 아닌 옹색하기 짝이 없는 담뱃갑에 적힐 때 "나 대로의 이행履行의 전후관계에서 보면 한없이 신선하고 발랄하고 힘의 원천이 된다"면서, 그 순간 자신은 "딴사람"이 될 수 있을 것이라 자못 벅차오르는 어조로 고백했다. 그리고는 마지막으로 이렇게 덧붙였다. "딴사람―참 좋은 말이다. 나는 이 말에 입을 맞춘다."

다른 한편, 우리는 김수영의 담뱃갑에 가장 많이 적혀 있던 메모가 다음과 같은 것들이었음에도 주목할 필요가 있다.

> "잡지사의 원고료 액수와 날짜, 사야 할 책 이름, 아이들의 학비 낼 날짜와 액수, 전화번호, 약 이름과 약방 이름, 외상 술값… 이런 자질구레한 숫자와 암호 속에 우리들

의 생활의 전부가 들어 있다고 해도 과언이 아니다."

　　김수영 산문의 이 구절에서 중요한 힌트를 얻은 나
는 '김수영의 담뱃갑'을 '마라톤 아저씨의 세탁소 벽면'으
로 한번 살짝 바꾸어 읽어 보게 된다. 그 벽면은 그냥 벽
면이 아니라 '세탁소 아저씨'에서 '마라톤 아저씨'로, 다시
말해 '딴사람'으로 한 존재가 극적으로 전이되는 순간을
선언한 자리다. 한국의 폭력적인 근대화 또는 산업화의
과정 속에서 숱한 고난과 부침의 과정을 거치고서도 과거
의 모습을 상당 부분 간직하고 있는, 그리 화려하지도 특
별하지도 않은 지극히 일상적이고도 평범하기 그지없는
동네. 마을의 그런 흔하디 흔한 세탁소 벽면 공간에서 이
루어진 '밥벌이의 지겨움'과는 다른 삶을 살아내 보고자
분투한 세탁소 아저씨의 새로운 존재 증명이 그리 '대단
한' 것은 아닐지 모르겠으나, '이행의 전후관계에서' 그것
은 아저씨에게 '한없이 신선하고 발랄한 힘의 원천'이 된
다. 다시 말해, '딴사람'이 된다. '딴사람'은 결코 특별하거
나 예외적인 사람이 아니다. 누구나 '딴사람'이 될 수 있
다. 그리고 그 '딴사람'이 바로 원형으로서의 예술가, 즉
'예술 하는 사람'이다.

'누구나의 문화예술'이라는 표현을 떠올려 본다. 그러니까 '모두'를 위한 문화예술이 아니라 '누구나'의 문화예술. '모두'라는 말은 얼마나 투박하고 또 기만적인가. 그것은 모두를 말하는 듯 보이지만 겉보기와 달리 모두를 끌어안지 않는다. 포함이 아닌 배제의 논리가 그 속에서 교묘하게 작동하고 있다. 그에 반해 '누구나'라는 어휘는 얼마나 섬세한가. 그것은 섣불리 '모두'를 말하는 대신에 공동체 구성원의 멤버십 조건을 비판적으로 다시 묻고(성북 네 모녀), 예술가의 자격 조건을 원점에서 다시 세팅한다(마라톤 아저씨). 여기서는 감산減算이 아닌 가산加算의 논리가 작동하며, 따라서 공동체의 외연이 확장된다. '모두' 또는 '누구나' 중 어느 쪽이 우리가 지향해야 할 공동체의 이상향인지 파악하는 일은 그리 어렵지 않아 보인다.

주민(으로서의) 예술가

'월장석친구들'의 사례는 어쩌면 우리가 지역의 문화예술에서 기대하게 되는 하나의 유효한 모델일 수 있다. 그들의 활동을 지켜보면서 나는 한 가지 문제에 주목하게 되었는데, 그것은 바로 '주민'이라는 키워드와 관련한 것이다. 실제로 월장석친구들의 구성원들은 모두 해당 지역에 직접 거주하는 주민이거나 또는 적어도 그 지역을 자신의 활동과 생활의 주된 기반으로 삼고 있는 이들이다. 바로 이 지점에서 '지속가능한 지역 문화예술 생태계'라는, 작지만 결정적인 차이가 발생하는 것일지도 모르겠다. 하지만 그 자신 곧 주민이었던 예술가들이 처음부터 자연스레 지역에 기반한 문화예술 활동을 펼칠 수 있었던 것은 아니다. 그들이 (이러한 표현이 적절하다면) '주민-예술가'로 자리매김할 수 있기까지 '천장산우화극장'이라는 공간이 결정적으로 필요했다.

　"공간이 없으면 정신이 담기지 않아요." 월장석친구들에서 활동하는 연극연출가 '봉봉'(유영봉)의 말이다. 여기서 '공간'이란 물론 천장산우화극장을 가리킨다. 2016년 즈음이었던가? 지역의 한 공공 도서관 지하에 특색 없이 방치되어 있다시피 했던 공간을 하나둘 모여든 지역의 예술가들이 여러 차례의 숙의 과정을 통해 블랙박스형 지역 극장으로 재탄생시킨 바로 그곳. 그렇다면 극장이라는 공간은 그저 하나의 물리적 공간에 그치고 마는 것이 아니라 훨씬 중요하게는, 공간을 드나드는 모든 이들 즉 참여 예술가들과 지역주민들의 '정신'이 담기는 곳이 된다.

극장이 자리한 삼태기 마을 곳곳에서 그날 저녁 펼쳐졌던 월장석친구들의 동시다발적 퍼포먼스 속에서, 나는 그들의 저 '정신'의 기미와 꽤나 인상적으로 마주했던 것 같다. 그때 그곳에서 그들은 예술가이면서 주민이었고, 주민이면서 예술가였다. 만약 월장석친구들, 나아가 성북의 문화예술 생태계 일반에 어떤 특별함이 있다면, 그것은 아마도 그들이 '주민-예술가'로서 활동하고 있다는, 그리 특별할 것 없는 특별함에 기인하는 것이 아닐까 한다. 기적의 솔루션 같은 건 없다.

하지만 우리는 안팎에서 '주민-예술가' 모델이 현실적으로 잘 작동되지 않고 있는 경우를 심심찮게 목격하게 된다. 왜일까. 여기엔 여러 복합적인 요인이 있겠지만 한 가지 꼭 언급해 두고 싶은 지점이 있다. 그것은 "지역 연계 문화예술 사업이 소위 '지역 활성화'를 위해 예술가들을 도구적으로 활용하고 있는 건 아닌가?" 하는 비판과 관련된 것이다. 공탁의 구성원들은 이 같은 위험성을 무게감 있게 인지하고, 무엇보다 예술가들의 안정적인 창작 환경 및 토대 마련이 곧 지역 문화의 활성화로 자연스레 이어질 것이라는 전향적인 관점을 견지하고 있는 듯 보인다. 그와 더불어 우리는 지역의 문화재단인 성북문화재단의 어떤 특별한 존재감에도 주목하게 된다.

공탁 안에는 성북문화재단 직원들, 즉 재단 사람들이 직간접으로 포함되어 있다. 지역의 다양한 문화자원을 안정적으로 뿌리내리게 하고 또 적재적소에 매개하는 것이 문화재단의 주요 업무인 만큼, 이는 재단과 지역의 문화예술인들이 지역의 대표적 문화협치기구 공탁이라는 공유 플랫폼 안에서 서로가 서로에게 ('갑'과 '을'의 관계가 아니라) 중요한 '협치 파트너'로서 적지 않은 시간 동안 많은 활동들을 함께해 왔음을 방증하는 것이라 하겠다. 그런데 사실을 말하자면, 처음부터 이들 재단 사람들이 눈에 띄었던 건 아니다. 이 책을 준비하면서 나는 공탁 안의 여러 구성원들과 공식적 인터뷰와 비공식적 수다 등 가능한 한 최대한의 대화 채널을 갖고자 노력했는데, 그 소통의 과정에서 재단 사람들이 조금씩 시야에 들어오기 시작했다.

공탁 내 문화재단 사람들은 자신이 가진 권한과 힘의 성격을 자각하고 있을 뿐 아니라 나아가 비판적으로 성찰하고 있었다. "담당자인 내가 지역의 문화예술가들을 이용하거나, 심한 경우 부지불식간에 착취하고 있는 건 아닐까?" "지역에서 펼쳐지는 다양한 문화예술 생산물의 성과를 재단이 가져가고 있는 건 아닐까?" 재단 사람들을 인터뷰하는 도중에 그들로부터 반복적으로 들을 수 있었던 목소리다. 공공 기관의 예산 및 시설 운용과 관련하여 자신에게 주어진 권한이 담당자로서의 '특권'이 아니라 외려 '책임'의 영역임을 인지하고 있는 듯 보였다. 자신들의 권한을 어떻게 민주적으로 사용할 수 있을 것인지 그들은 진지하게 고민하고 있었다.

무엇이 이들로 하여금 이런 상당한 수준의 윤리 의식을 가능케 하는 것일까. 나는 그것이 궁금해지기 시작했다. 아직 그에 대해 분명한 답을 찾은 건 아니지만, 눈에 띄는 단서가 없지는 않다. 지금의 재단 사람들이 과거 한때 민간 영역에서 활동했던 이들이기도 하다는 점이다. 하지만 이것이 절대적인 단서는 되지 못할 것이다. 그저 느슨한 근거 하나를 찾았을 뿐이다. 내 노트 속 재단 사람들을 가리키는 항목에는 '사라지는 매개자'라는 메모가 비뚤배뚤 적혀 있다. 아마도 당시 순간적으로 떠오른 아이디어를 망각으로 흘려 보내지 않기 위해 노트에 급하게 옮겨 적은 듯 보인다. 주인공이 아닌 조연의 자리에서 지역의 다양한 문화예술 주체들을 매개하고 자신들은 기꺼이 무대 뒤로 사라지는 이들. 사라지는 매개자, 곱씹을수록 그들에게 썩 잘 어울리는 이름이 아닌가 싶다.

사라지는 매개자

현재 공탁은 코로나19라는 전대미문의 사태에 직
면해 있는 중이다. 사회적 거리두기social distancing, 언택트
untact, 온택트ontact 등 이전에는 상상해 보지 못했던 새로
운 조건 속에서 공탁의 많은 문화예술인들도 마찬가지로
힘겨운 시간을 보내고 있다. 하지만 그와 동시에 공탁의
구성원들은 이 어려운 현실 속에서 여전히 포기하고 싶지
않은 것들, 지켜 내고 싶은 것들에 대해 진지하게 고민하
고 있기도 하다. 이런 악조건 속에서도 지속가능한 새로
운 문화예술 환경은 무엇일지, 또 어떻게 가능할지를 두
고 함께 머리를 맞대어 모색하고 있는 것이다.

연초의 1차 코로나19 팬데믹 쇼크 이후 공탁의 정기
모임은 모두 온라인으로 대체될 수밖에 없었는데, 지난 6
월 30일에는 '생활 속 거리두기'의 실천 차원에서 처음으
로 야외에서 오프라인 모임을 조심스럽게 시도해 보았다.
방역의 기본 수칙들을 꼼꼼히 챙겨 가며 모임을 진행했던

만큼 이전보다 몇 배는 더 힘들고 어려운 자리였지만, 공탁은 이와 같은 노력을 통해 포스트 코로나19 시대에 지속가능한 문화예술의 가능성에 대해 함께 질문하고 답을 찾아가고 있는 중이다.

나로서는 공탁 구성원들의 최근 활동들을 지켜보며 '사회적 거리두기' 대신 '물리적 거리두기'라는 말을 사용해야겠다고 마음먹는 계기가 되기도 했다. 감염병 시대에 타인들과 '물리적'으로는 거리를 유지해야 하겠지만 '사회적' 관계까지도 원천적으로 차단해서야 되겠는가 하는 문제의식에서 비롯된 것 같다. 혐오와 차별 그리고 증오의 정념을 먹고 자라는 위기의 시대에 우리에게 필요한 건, 그럼에도 불구하고 흔들림 없는 연대와 (말의 가장 바른 의미에서의) 공동체 정신일 테니까 말이다.

지속가능한 도시를 만들어 가는 문화의 힘에 주목하다

세계지방정부연합 국제문화상

International Award UCLG-Mexico City-Culture 21

세계는 수많은 문제에 직면하고 있으며, 그중 일부는 명백히 '문화적인' 문제들이다. 이러한 문제들은 도시 규모의 지역성을 띄고 있으며, 많은 지방 정부들이 다양한 정책과 프로그램, 프로젝트를 통해 이런 상황을 해결해 가고 있다. 많은 어려움이 있지만 문화 현장들은 더 나은 세상을 만들기 위해 노력하고 있다. 단언컨대 '문화'는 우리 인류가 당면한 과제를 해결하는 데 중요한 하나의 방편이다. 이 상에 지원한 사례들은 전 세계적으로 지속가능한 도시 개발, 민주주의 그리고 자유에 대한 논의가 어떻게 문화(다양성과 지식, 전통과 창의성)와 관련되는지를 보여준다.

_제 3회 UCLG 국제상 심사평 중에서

지속가능한 도시를 만들어 가는 문화의 힘에 주목하다

세계지방정부연합

UCLG ; United Cities and Local Governments

UCLG는 2004년 설립된 이래 140개 이상의 UN 회원국들과 24만 명 이상의 회원을 두고 있는, 세계에서 가장 큰 지방정부 기구다. 전 세계의 도시와 지역정부 그리고 지방자치 협회를 대변하는 국제적 조직으로, 민주적 방식의 지역 자치를 옹호하는 목소리를 내고 있다.

UCLG는 지속가능한 발전에 기여한 도시와 개인들을 기리기 위해 2014년부터 'UCLG 국제상-멕시코시티-문화21' INTERNATIONAL AWARD UCLG–MEXICO CITY–CULTURE 21을 제정하여 2년마다 시상하고 있다. 문화 정책을 통해 문화의 가치를 민주적 거버넌스, 시민 참여 및 지속가능한 개발과 연결시키는 데 크게 기여한 도시와 지방 및 지역 정부에게 주어지는 이 상은 도시와 개인, 두 분야로 나뉘어 시상된다.

2018년 10월 멕시코시티에서 열린 제 3회 시상식에서는 전 세계 99개 후보 지역들 가운데 서울의 '성북'과 프랑스의 '리옹'이 도시 부문 공동 수상자로 결정되었다. 다음은 심사 결과 발표문을 요약 정리한 것이다.

제 3회 UCLG 국제문화상 – 지방 및 지역정부 분야

서울 성북의 '공유성북원탁회의'

공유성북원탁회의의 '지역문화 협치'는 서울 성북구에서 2014년에 시작되었다. 3백여 명의 사람들이 문화적 거버넌스를 근간으로 활동하며, 이는 지역의 가장 중요한 공동체 활동이 되었다. 공유성북원탁회의는 스스로를 '지역 문화의 공존과 협력을 위해 함께 일하는 네트워크'로 정의한다.

공유성북원탁회의의 목표 중 하나는 성북문화재단과 지역 공공 기관을 통해 지역의 문화정책 책임자들과 협력하는 것이다. '자율적 활동(자율성)', '문화 민주주의(민주성)', '우정과 협력(연대성)' 그리고 '문화다양성을 통한 차이의 존중(다양성)'이라는 가치와 원칙 위에서 활동하는 공유성북원탁회의는 지역 축제를 조직하고, 문화 공간을 운영하며 지역의 예술 및 문화 공동체를 지원하는 데 기여한다.

프랑스 리옹의 '문화 협력 헌장'
Charter of Cultural Cooperation

리옹의 '문화 협력 헌장'은 15년 이상 이어져 왔다. 시의 지원을 받는 27개의 시립 기관과 함께 문화 프로젝트 및 행사를 진행했으며, 문화와 지속가능한 개발을 도시 정책에 연결시키는 프로젝트 및 서비스 활동 3백여 가지를 진행해 왔다. 그 프로그램들은 문화 정책을 만드는 강력한 도구가 되었으며, 지속가능한 도시를 만드는 데 문화 정책이 기여할 수 있게 촉진하는 역할을 하고 있다.

이제 24개 자치구를 포함한 리옹 시 전체로 그 규모가 확장된 '문화 협력 헌장'은 도시의 균형과 결속, 시민 참여, 평등과 비차별을 위한 정책, 다양성, 교육과 지식 교류, 에너지 효율성, 환경에 대한 책임과 사회적 혁신 같은 주제를 다룬다. 다양한 영역에서 정기적으로 진전되는 주제에 대해 이해관계자들과 의견을 공유하면서 정보를 교류하고 역량을 강화하고 있으며, 프로젝트를 설계하고 평가하는 과정을 함께하고 있다.

심사위원단은 99개의 지원 도시 중 다음 사례를 특히 주목했다.

더블린(아일랜드)

2015년에 설립한 '문화적 연결' 프로그램. 사람들의 이야기와 바람 그리고 경험에 기반하는 이 활동은 시민들에게 문화적 권리를 부여하는 데 기여하고, 지역주민들의 이야기를 듣고 배우며 공유하는 것의 중요성을 보여준 매우 탄탄하고 혁신적인 프로그램이다. 이 사례는 우리에게 의지만 있다면 문화 정책이 가장 필요한 사람들에게 유용하게 사용될 수 있다는 것을 증명한다.

해밀턴(온타리오, 캐나다)

문화를 지속가능한 개발을 위한 네 번째 기둥으로 여기는 '당신의 도시를 사랑하라: 문화를 통한 해밀턴의 변화.' 이 프로그램은 전일적, 통합적으로 접근한 다양한 참여 방법으로 지역 공동체를 끌어들이는 문화기획의 형태로 문화에 대한 책임감을 공유하도록 이끌었다.

몬테비데오(우루과이)

공공 기금으로 문화 관계자들과 심도 있는 토의를 거쳐 매우 구체적인 프로그램과 프로젝트를 이끈 '성 평등의 관점에서 본 문화 정책' 프로그램. 이 사례는 젠더적 관점이 반영된 문화 정책이 모든 사람들의 자유를 확장시키는 데 기여한다는 것을 증명한다.

나블루스(팔레스타인)

'점령하에서 문화적 정체성 지키기: 나블루스 역사 센터의 재생' 프로그램. 주민들이 고향에 머물 수 있도록 돕고 수백 개의 문화유산 건물과 집을 재건축할 수 있게 지원하는 역사 센터를 재생하기 위한 교육단체와 시민단체, 지방자치단체의 노력이 돋보인다.

노보시비르스크(러시아)

'노보시비르스크: 도시를 박물관으로 만들다' 프로그램. 도시 공공 공간에서의 문화적, 예술적 활동, 정보 기술의 사용, 그리고 특정 활동에서의 시민 참여를 장려한다.

사하구(부산, 대한민국)
예술과 문화를 통한 다년 간의 도시재생 계획으로, 감천마을을 재
활성화하는 데 기여한 '감천문화마을 프로젝트.' 이 프로젝트는
민주적 거버넌스의 혁신적인 시스템 하에서 주민과 예술가, 지역
정부의 긴밀한 협력을 이끌어 냈다.

UCLG 국제문화상 수상 모습
사진 왼쪽부터 권경우 성북문화재단 문화사업본부장, 김지희 공유성북원탁회의 공동운영위원장,
멕시코시티 시장 호세 라몬 아미에바, 멕시코시티 문화국장 에두아르도 바스퀘즈 (2018.10.18)

'함께'여서 가능했던 변화, "DO IT TOGETHER!"

서우석 (서울시립대학교 도시사회학과 교수)

국제학술대회에서 '공유성북원탁회의'를 주제로 발표한 적이 있다. 2017년 11월 24일 크로아티아의 리에카Rijeka에서다. 리에카는 크로아티아에서 세 번째 큰 항구도시로 조선업과 해운업 중심의 산업도시다. 이런 도시가 문화를 주제로 삼는 국제학술대회를 개최한 것은 '2020년 유럽문화수도'로 선정되었기 때문이었다. 유럽의 여러 산업도시들과 같은 고민 속에 문화도시로 발전 방향을 모색하면서 2016년에 유럽문화수도로 선정되었고 이듬해 국제학술대회를 개최한 것이다.

유네스코와 유럽문화재단European Cultural Foundation 등이 크로아티아의 쿨투라노바재단Kultura Nova Foundation과 공동개최한 이 국제학술대회의 주제는 "문화에서 참여 거버넌스: 실천, 이론, 정책 탐색하기. 함께하자Participatory Governance in Culture: Exploring Practices, Theories and Policies. DO IT TOGETHER"였다.

259

논문 발표 못지않게 집담회가 중요한 부분을 차지했던 이 학술 행사의 공고 메일을 보고 나는 깊은 흥미를 느꼈다. 2016년에 있었던 성북동에 관한 정책연구 후 학술 연구를 진행하던 상황에서 발전시키던 문제의식과 접점이 많았기 때문이다. 성북동은 2013년에 서울시 역사문화지구로 지정된 후 각종 사업이 넘쳐났고, 내가 수행했던 정책연구는 성북동의 정체성을 규명함으로써 지역의 다기한 사업들을 정리하고 발전시킬 수 있는 체계를 만드는 것이었다. 개인적으로는 이 정책연구를 통해 여러 학술연구 주제들을 발굴했고, 그중 하나가 공탁이었다. 그리고 성북문화재단의 권경우 본부장과 토론하면서 공탁의 성격과 기능을 정리하던 차에 이 학술대회 공고문을 보았다.

당시 유럽의 문화정책에 대해서 온통 비판 담론이 무성했던 이 학술대회에서 나는 '관계 만들기Building Relationship'라는 세션에서 공탁을 사례로 발표했다. 내 발표를 듣고 그 행사에 와 있던 UCLG United Cities & Local Governments 실무자가 UCLG에서 우수한 사례를 가진 도시에 상을 주는 프로그램이 있으니 공모에 참여해 보라고 권했다. 권고는 한국에 돌아온 후에도 이어졌고, 공탁과 성북문화재단 사람들에게 그 소식을 전했다. 의례적으로 한 이야기를 너무 귀담아 들어 괜히 바쁜 사람들을 수고롭게 하는 것은 아닐까 걱정도 됐지만, 문화재단에서 영어로 어렵게 지원서를 만들어 제출하였고, 얼마 후 수상 소식을 들었다.

UCLG 국제상 수상 소식은 당시 우리나라의 지역문화정책이 본격적으로 기반을 갖추고 중앙과 지방에서 여러 사업과 기관이 만들어지던 상황과 맞물려 공탁이 전국적으로 유명해지는 계기가 되었다. 이제 다른 지역의 문화 거버넌스에서 '공유원탁회의'라는 이름을 마주치는 일도 드물지 않다.

　　이번에 공탁을 주제로 하는 단행본이 출간된다는 소식을 접하면서 당시 국제학술대회의 발표와 수상을 되새겨 보았다. 공탁의 사례에서 보편성과 선도성cutting-edge을 발견한다. 지금 현장에서 고민하는 문제들을 세계 여러 나라들에서 같이 고민하고 있고, 여기서 어렵사리 내딛은 한 발이 가장 선두에 선 발걸음으로 확인된 것이다.

　　돌이켜 보니, 그런 새로움이 성북에서 가능했던 것은 무엇보다 '함께했기' 때문이라는 생각이 든다. 여러 분야의 예술인들과 문화기획자가 함께했던 것만이 아니다. 민간의 자생적 지역 모임인 공탁과 자치구에서 출연한 문화재단이 함께했고, 구청이 그 울타리가 되었다. 형식적으로 자리를 같이한 정도가 아니라 과거와 미래를 공유하는 동반자였다. 그래서 유럽문화수도로 지정되면서 깊은 고민을 하였던 리에카가 당시 학술대회에 내걸었던 구호인 "DO IT TOGETHER"가 새삼스럽다.

　　이 책을 접하시는 많은 분들께 공탁이 했던 고민과 꿈꾸는 미래에 함께해 주시기를 청한다.

261

공유성북원탁회의와
민관 협치의 의미를 되새기며

'공유'의 가치를 우선하며, '성북'이라는 지역 속에서, '원탁'에 둘러
앉아 서로를 마주보며, 조직체 이전에 민주적인 '회의'를 지향하는
'공유성북원탁회의', 줄여서 '공탁'이라 부르는 이 특별한 회의의
역사가 갈수록 깊어지고 두터워지는 것을 느낍니다. 이들의 일상
적인 이야기를 재해석함으로써 이미 여기에 당도해 있는 미래의
의미를 부지런히 채굴하고, 그리하여 이들의 이야기를 미래로 실
어 나르기 위해 이 책이 나왔나 봅니다.

김종휘 (서울문화재단 대표이사)

문화와 예술' 마을을 만나다

성북 지역의 자율적인 문화예술인 네트워크인 공유성북원탁회의
는 성북구청, 성북문화재단 등과 함께 민관 거버넌스의 훌륭한 사
례를 보여 주었습니다. 성북의 사례가 UCLG 국제상을 수상하면
서 국내뿐만 아니라 전 세계에 문화 기반 협치의 본보기로 알려졌
습니다. 이 책을 계기로 우리 사회에 지속가능한 문화예술생태계
가 구축되고, 한층 성숙한 민관 협치가 이루어질 수 있기를 바랍
니다.

이승로 (성북구청장)

공유성북원탁회의는 민관 협치의 대표적인 사례입니다. 지역의 예술가와 청년, 주민 등 다양한 세대가 문화예술을 매개로 만들어 낸 마을민주주의 실험이 UCLG로부터 "지속가능한 도시를 위한 문화 정책의 중요하고 완벽한 사례"라는 호평을 받았다는 말을 듣고 얼마나 기뻤는지 모릅니다. 민관 협치와 문화예술은 마을공동체의 기초입니다. 성북에서 시작한 문화예술 네트워크가 더 큰 마을의 변화로 이어지길 기대하며 함께 응원하겠습니다.

김영배 (성북구갑 국회의원)

오늘날 우리 사회는 치열한 경쟁과 소통의 부재로 혼란스러운 상태입니다. 이런 때에 공유성북원탁회의는 '동네친구'라는 익숙하지만 낯선 새로운 관계를 만들어 감으로써 지역공동체와 지역문화를 변화시키고 있습니다. 문화와 예술에 기반한 공탁의 마을운동은 곳곳에서 주목을 받고 있습니다. 앞으로 더 다양한 사람들이 함께함으로써 더 많은 동네친구들의 공동체로 확장되기를 기대합니다.

이건왕 (성북문화재단 대표)

부록2

공유성북원탁회의가
함께 걸어 온 길

문화협치 기반 만들기

2012 | 2013 | 2014 | 2015

문화정책 연구 및 포럼

- 성북구 문화예술 발전 방향 연구 추진
- 성북문화재단 중장기 문화정책 연구 추진

- 성북구-서울시 문화정책 연계방안 연구 추진
- 정릉전통시장 변화를 위한 정릉신시장 활성화 방안 연구 추진

- 성북지역 청년 커뮤니티 일자리 연구 추진

문화 다양성 활동

- 한국문화예술위원회 무지개다리사업으로 문화다양성 활동 의제화
- 문화다양성 축제 '심연향연' 개최

- 성북문화다양성 활성화 방안 연구 추진

- 성북 문화다양성 네트워크 구성
- 성북 문화다양성 지표 개발 기초 연구 추진

거버넌스 활성화

- 공유성북원탁회의 월례모임과 의제별 준비모임 시작
- 휴먼라이브러리 구축으로 '달달한포럼' 진행 및 스토리북 발간
- 성북시각예술네트워크 시작

- 공유성북원탁회의 워킹그룹 구축
- 정례모임 명랑운동회(봄), 모꼬지(겨울) 시작
- 성북구 창조문화도시 위원회 발족
- 100인 타운 홀미팅으로 찰스 랜드리 초청 행사 개최
- 시민예술대학-시민연극교실 성북캠퍼스 운영
- 마을과 함께하는 학교 '푸른누리마을학교' 추진

국제교류 및 출판·수상

- 마을 기반 국제교류 활동으로 일본 요코하마 탐방
- 한일청소년국제교류 포럼 개최

2016

 2017

 2018

 2019

- 성북구 창조문화도시 기본계획2030 연구 추진
- 미아리고개 일대 역사·문화적 가치 활용 방안 연구 추진

- 마을살이 작은연구_ 예술마을만들기 추진
- 성북구 거리예술 스트림 연구 추진
- 생활문화포럼 '어쩌구 저쩌구' 정례 추진

- 보스톤 지역기반 창작 활동의 경험과 사례 공유를 위한 공공극장 포럼 개최- 페트릭 가브리즈 초청
- 지방선거 대응 문화정책 토론회 개최
- UCLG(세계지방정부연합) 공유포럼 개최
- 성북구 생활문화 생태계 조례 연구 추진

- 민선7기 성북구 문화정책 토론회 개최
- UCLG 수상기념 '공유,공존,공생' 컨퍼런스 개최

- 문화협치를 위한 상호학습프로젝트 '우리 동네 공동부양: 우.동.공.부'
- 문화철도 프로젝트 <우이신설> 지역 문화광고 참여

- 예술마을만들기 연석회의 구성
- 지역축제거버넌스 공동운영 협약
- 지역대학 연계 수업으로 지역활동 참여 정규강의 개설
- 생활문화거버넌스 구축을 위한 활동 시작

- 공유성북원탁회의 협치성북회의 참여
- 공유성북원탁회의 '내일모임' 시작

- 문화공간 네트워크 구성 및 시작
- 삼성 나눔과 꿈 '청소년시민으로 자라다' 사업 참여 컨소시엄 공동운영 협약

- 마을기반 국제교류 활동으로 영국 도시재생, 문화예술 혁신 사례 탐방
- 애뉴얼리포트 '성북친구들' 발간

- 공유성북원탁회의 성북구 구민대상 수상 및 명예의 전당 헌정

- UCLG(세계지방정부연합) 국제문화상 수상
- 2012~2018 사업 및 활동 백서 발간
- 예술경영지원센터 예술경영 우수사례 선정 '성북문화공간 협치 운영 : 미인도와 미아리고개예술극장'
- 행정안전부 지방자치단체 생산성 대상 우수사례 '성북구 예술마을 만들기-동별친구들'
- 미인도 연극비평집단 시선 베스트 극장상 수상

- 매니페스토 우수사례 경진대회 최우수상 수상 '성북예술마을만들기'

지역 거점 활성화

	2012	2013	2014	2015

지역
문화예술
공간 거점
활성화를
위한 활동

- 성북예술공간 성북도원에서 '성북도원' 전시 개최
- 아리랑시네센터에서 '성북건축학교' 결과 전시
- 성북예술창작터에서 '성북도큐멘타' 전시
- 미아리고개예술마을만들기 '퍼블릭샤렛 - 미인도' 진행
- 성북도원에서 '성북예술동물원' 전시

지역 거점
활성화를
위한 활동

- 정릉예술마을만들기 커뮤니티 '정릉친구들' 시작
- 미아리고개예술마을만들기 커뮤니티 '아름다운 미아리고개친구들' 시작

문화협치 공간 조성과 재생

	2012	2013	2014	2015

- 마을예술창작소 길음예술사랑방, 행복한정릉창작소 조성
- 성북예술공간 성북도원 조성
- 창작실험실 성북예술창작터 조성
- 성북구민회관 입주예술단체 공간 조성
- 공유공간 공유서가
- 미아리고개 하부공간 미인도 조성 아르코 공공미술 프로젝트로 제안
- 정릉신시장 사업단 공유부엌 '맹모의 부엌' 조성
- 청소년 문화공간 청소년 휴카페 조성
- 청소년문화공유센터 조성
- 미인도 조성
- 미아리고개예술극장 재개관
- 마을미디어지원센터, 마을미디어스튜디오
- 정릉적정기술놀이터 조성

| 2016 | 2017 | 2018 | 2019 |

2016
- 미인도에서 '어화봉사꽃주까' 낭독극 제작·공연

2017
- 미인도에서 마을장터 '고개장' 개최
- 성북정보도서관에서 '월장석방 방방' 개최
- 미인도 민관 공동운영 협약

2018
- 천장산우화극장 예술제 개최
- 천장산우화극장 공공극장 포럼 개최

2019
- 미아리고개예술극장 휠체어 경사로 설치

2016
- 월장석예술마을 만들기 커뮤니티 '월장석친구들' 시작
- '월간동네교육' 모임 시작

2017
- 월곡예술마을만들기 커뮤니티 '월간지' 시작
- 석관예술마을만들기 커뮤니티 '돌고돌아' 시작
- 장위예술마을만들기 커뮤니티 '개구장위들' 시작
- 예마찾아삼만리 개최
- 월장석친구들 수기 소식지 '천장산 문방구' 발행

2018
- 성북예술마을만들기 커뮤니티 '모모모' 시작
- 종암예술마을만들기 커뮤니티 '종종걸음' 시작
- 삼선동예술마을만들기 커뮤니티 '삼선슬리퍼' 시작
- 장위예술마을만들기 예술제 마켓 '장위별 별걸다해' 시작
- 월장석 기획, 인큐베이팅 프로그램 '서서히학교', '솔딱새프로젝트' 시작

2019
- 성북예술마을만들기 엑스포 개최

| 2016 | 2017 | 2018 | 2019 |

2016
- 정릉시장 내 청년살이발전소 조성
- 정릉적정기술놀이터에 마을예술창작소 조성
- 성북정보도서관에 월장석스튜디오 조성
- 정릉예술인마을 입주

2017
- 성북예술공간 성북도원2 조성
- 돌곶이생활예술 문화센터 조성
- 협동조합고개엔마을 아지트 지하소굴 조성
- 갤러리 선잠52 개관
- 미인도 생활문화 지원센터로 지정
- 미인도 및 미아리고개 예술극장 민관 공동운영 협약

2018
- 성북정보도서관에 천장산우화극장 개관
- 청년공간 '무중력지대 성북' 조성
- 예술공간 성북예술가압장 운영
- 천장산우화극장, 월장석스튜디오 민관 공동운영 협약
- (주)아트그룹 슈필렌 공유사무실 운영

2019
- 문화·예술인 주택 창조인빌 입주
- 천장산우화극장 공연장 등록
- 마을예술창작소성, 우화제작소 조성
- 성북문화재단-공간민들레 공동운영 협약

지역축제와 문화행사의 사회적 가치 확신

2012	2013	2014	2015

- 성북세계음식축제 누리마실 민관협력 운영을 위한 '누리마실친구들' 구성
- 성북진경 민관협력 운영

- 한양도성 문화제 '풍류순성' 개최
- 성북구민여성회관 협력 활동으로 '구석구석잔치' 개최
- 정릉신시장사업으로 정릉전통시장 내 마을장터 '개울장' 개최
- 성북구 동마을축제 평가 연구

- 누리마실 민관협력사업단 구성
- 유럽단편영화제 개최
- 성북진경 민관협치 사무국 구성
- 정릉예술마을만들기 축제 개최

문화예술 관련 사회적 경제 활동

2012	2013	2014	2015

- 은둔형 외톨이, 니트청년 자립을 지원하는 K2인터내셔널코리아와 활동 교류

- 협동조합 성북신나 설립
- 정릉신시장 사업단 지역활동가로 구성 및 사업시작
- (주)아트그룹 슈필렌 창단

사회적 연대 활동

2012	2013	2014	2015

- 세월호 참사 진실 규명 활동 연대로 '세월호연장전' 진행

2016	2017	2018	2019

- 성북 지역 동마을축제 예술MP(Master Planer)로 참여
- 마을민주주의축제 '동행' 개최
- 성북아동청소년 문화예술교육 축제 '창의방앗간' 개최
- 장위전통시장 활성화를 위한 문화행사 개최
- 마을장터 '고개장' 개최

- 이야기 들어주는 청년예술가 프로젝트 운영
- 서울 도시축제비엔날레 '성북예술동' 도시전 참여 및 성북동 현장 프로젝트 진행
- 정릉더하기축제 협력 개최
- 성북지역축제거버넌스 정기포럼 시작
- 성북축제거버넌스회의 시작

- 길음역-미아초 청년창업거리에서 '두근두근 별길마켓' 개최
- '월장석방방방'· '장위별별걸다해'· '다다식탁' 연합축제 개최
- 성북축제학교 시작
- 성북축제협력네트워크 '축협' 시작

- 축제 자원을 공유하는 온라인 축제공유창고 오픈

2016	2017	2018	2019

- 성북 문화예술교육가 협동조합 마을온예술 설립
- 협동조합 누리마실친구들 설립
- 마을담은극장 협동조합 설립

- 시각예술협동조합 아트플러그 설립
- (주)아트그룹 슈필렌 법인 설립
- 협동조합 고개엔마을 설립

- (주)아트그룹 슈필렌 예비 사회적기업 인증

- 은둔형외톨이, 니트청년 자립을 위한 K2인터내셔널코리아 사회적기업으로 인증

2016	2017	2018	2019

- 경의선 공유지 시민행동 '0원 영화제'(CGV) 기획·진행
- 성북동 가로수 플라타너스 살리기
- 광화문 캠핑촌과 촛불집회 기획 참여
- 서울시문화권선언식 기획·진행

- 세월호 3주기 성북천 행진
- 동구학원 정상화를 위한 공동대책 위원회 활동 :거리행진, 월례집회 등

- 대한민국임시정부 수립 99주년 기념행사

문화와 예술, 마을을 만나다

초판 1쇄 인쇄 2020년 11월 15일
초판 1쇄 발행 2020년 11월 20일

글쓴이 공유성북원탁회의
펴낸이 현병호
편집 이수진, 장희숙
디자인 임시사무소
제작 상지사
펴낸곳 도서출판 민들레
출판등록 1998년 8월 28일 제10−1632호
주소 서울시 성북구 동소문로 47−15
전화 02) 322−1603
이메일 mindlebook@gmail.com
홈페이지 www.mindle.org

ISBN 978−89−88613−93−1(03330)